做个老师，挺好的

房富本　著

中国海洋大学出版社

·青岛·

图书在版编目（CIP）数据

做个老师，挺好的 / 房富本著 . -- 青岛：中国海洋大学出版社，2020. 8

ISBN 978-7-5670-2564-6

Ⅰ. ①做… Ⅱ. ①房… Ⅲ. ①小学教育－教育研究－文集 Ⅳ. ① G622. 0-53

中国版本图书馆 CIP 数据核字（2020）第 167565 号

出版发行	中国海洋大学出版社	
社　　址	青岛市香港东路 23 号　　邮政编码　266071	
出 版 人	杨立敏	
网　　址	http://pub.ouc.edu.cn	
电子信箱	1922305382@qq.com	
订购电话	0532-82032573（传真）	
责任编辑	邵成军	电　　话　0532-85902533
印　　制	日照日报印务中心	
版　　次	2020 年 8 月第 1 版	
印　　次	2020 年 8 月第 1 次印刷	
成品尺寸	170 mm × 240 mm	
印　　张	12. 5	
字　　数	185 千	
印　　数	1～1 000 册	
定　　价	50. 00 元	

做个有故事的老师

（代　序）

我是个老教师，今年 86 岁了，从教已 70 年，教过无数的学生，带过很多青年教师。我总认为，教学有法，但无定法，贵在得法。课堂教学的核心是要让学生动起来，让学生去尝试。我从 20 世纪 80 年代就开始研究尝试教育，发现这是适合我国小学数学教学的好方法。

目前，我国进行了多轮课程改革，无论怎么改，学生是课堂的中心不能变。国外先进的教学思想很多，国内也有诸多的教学流派，无论这些理论有多么好，最终需要有好的校长、好的教师来落实。

房富本老师是我很早就关注的一位年轻教师。记得他在 2016 年春季全国尝试教育上海年会上特意找到我，跟我汇报了他所在学校"尝试出彩"理念的实践情况。我听了很高兴，感觉他是个有思想的好教师、好校长，当场就给他写了"尝试出彩，千帆竞发" 8 个字。通过深入了解，我才知道，原来房老师早在 20 世纪 90 年代就开始关注尝试教育，并在践行尝试教育理论方面不断获得进步。在众多的教育理论中能够长时间关注、实践尝试教育，并取得好的成绩，这在全国也是比较少见的。2019 年的尝试教育北京年会上，房老师写的论文《基于核心素养的"三段五环"学程模式》从 700 多份优秀作品中脱颖而出，获得一等奖，足见他对尝试教育的理解是非常深刻的。

前几日接到房老师的盛请，让我给他的著作写序，我很感动。房老师的这本书里汇总了他的教学思考、科研成果、教育故事、工作手记，内容丰富多彩，案例真实典型，理论与实践相结合，呈现了他从教以来对小学教

1

育的所思、所想、所做，有很强的可读性，特别是对青年教师的成长非常有启发和帮助。

房老师是一个有故事的优秀教师。从书中，我看到了他热爱教育、勤于思考、实事求是、勇于实践的品质，读到了他对学科教学的理解、对高效课堂的思考、对教育问题的研究、对教育现象的叙述。

学贵有疑，教贵总结。天天有所思，每日提笔写，这是优秀教师快速提升进步的妙招。古人讲求要"立言"，我们教师也要有这样的自觉性、使命感和自豪感。房老师把多年的心得进行了汇总并结集出版，这是个非常好的事。我也以一个老教育工作者的身份希望年轻的教师们能够学习这个做法，及时把自己的教学感悟写下来，出版自己的作品集，提高自己的教育素养。

祝贺房富本老师《做个老师，挺好的》出版！

邱学华

2020 年 3 月 6 日

于江苏常州

做个老师，挺好的
（代前言）

　　我是那种喜欢当老师的人。我出生于胶东半岛的一个普通农村家庭，家里祖祖辈辈务农。父亲因为家庭窘迫断断续续读过几天书，母亲不识字，我和弟弟就是家里正儿八经的"读书人"了。我从小体质不好，农活又多又累，心里经常对这种面朝黄土背朝天的生活感到惶恐。长大以后我知道这种厌恶农活的思想很不健康，但是小时候就经常苦闷地想，我长大了能干什么呢？于是我经常在天气晴朗的时候站在我家位于半山的农田里眺望远处，思考人生。洁白的海浪，蔚蓝的远空，很美的风景，然而，远处的山——我后来知道是崂山，像一把很大的锯子的山，后面是什么样的世界呢？贫穷限制了我的想象力，我无从知道。

　　幸而，我遇到了人生中一个重要的人——我的小学老师张先辉。张老师其时刚从部队转业回到村里，因为是村里为数不多的有见识的人，又是文化人，就到村小学当了老师。张老师讲课非常幽默风趣，让我认识了大千世界。我跟着张老师认识了垂柳、认识了藕。张老师讲藕的吃法尤其精彩，说藕切成夹片后，向藕孔里放入肉馅，煎炸后，香气扑鼻……记得当时正是上午第四节课，快要吃午饭了，饥肠辘辘，对于我们这群整年吃不到一片肉而又不知道藕是何物的小孩子，那种诱惑简直没法形容！张老师讲《将相和》，说课文里有个地方描写得不合理，让大家仔细读读书找找看。于是我们就瞪大眼睛、揪着头发狠狠地盯着书看，终于发现了几个"不合理"的地方……我小小的心灵萌发了一种朦胧的想法：当个老师，多好啊！

后来，我上了初中，认识了更多的老师，多才多艺的、机智聪明的、严谨苛刻的，特别是第一次听英语老师读课文，简直要让我"疯"掉了：原来有这么好听的外国话！我就使劲学习，成绩突出，终于成了一代中师生芳华的主角之一。师范的生活更是扩大了我的视界：我以前从来不知道数学老师原来书法那么好，图书室的管理员会刻印章，体育老师敲架子鼓是一绝，我都要怀疑人生了。印象最深的是历史老师，讲课精彩绝伦，眉飞色舞，但是，无论他讲到什么精彩处，无论我们听得怎样如痴如醉，只要听到下课铃声响起，老师立马喊出两个字"下课！"。于是我们盼啊盼啊，什么时候上下一节历史课啊！

不久，我走上了讲台。我用在学校里学到的所有的知识、浑身的本领来教学。我忽然发现，所有的招数都不灵了！那个调皮鬼，我用皮格马利翁效应，任命他为体育班长，结果运动会上，我班的体育成绩一塌糊涂；那个每次成绩距离0分不远的，我利用暖风效应，关心备至，发现哪怕一点点进步马上大张旗鼓表扬，结果不到一个月，这位同学成了教室里最横的"崽"，目空一切，走路都要晃着身子……我真苦闷啊！而且，我吃惊地发现，好像我已经被这帮精灵们看穿了！无论我要做什么、要说什么，他们好像提前就都知道了我的意图。我真是教不了他们了！

怎么办啊！迷茫彷徨中，我在追寻。学吧！于是，我买来各种书，一边像个小学生一样踏踏实实地学期刊、学专著，一边跟身边年长的同事学备课，跟教研组长和学科领导琢磨教学方式、高效课堂。我开始从认真抓好一件件小事入手，跟学生"死磕"，"逼"他们养成好习惯；从认真备好一节节课开始，与学生"斗法"，直到学生把我"辩"倒……慢慢地，我发现，与学生"斗"，其乐无穷。后来，我有幸听了魏书生老师的一个报告，顿时觉得醍醐灌顶：原来做一件事情有一万种办法，我怎么只能想到一种呢？教不了学生，还是自己的方法少、本事不够啊！再后来，我接触了王坦先生的《合作教学策略》，完美的理论设计、详细的操作流程，一下子敲开了沉睡的河冰，我心底涌起了蓬勃的春潮。这个时候，又一个重量级的前辈邱学华先生出现了，邱先生的"尝试教学法"让我找到了共振。你看，教小学生学习真的没有什么秘密，"老师您先不要讲，让我先来试一试""先试后讲，六段教学"……我瞬间感觉找到了自己的方向！于是，我跟随着邱先生从"小学数学尝试教学法"开始走，一直走到今天的尝试教育。再后来，我在网络上、刊物上，在各个级别的培训会与教研会上认识了于漪、于永正、窦桂梅、薛法根、章鼎儿、路培琦、李烈、吴正宪、斯苗儿、华应龙……这些名师像星星一样照亮着我前进的道路。我经常想，孩子们跟着这样的老师学习，多幸福啊！做个老师，做个名师，真好！

在名师的熏陶下，我也慢慢成熟了，各个级别的赛课，多次捧回奖杯；各个级别的刊物，多次发表文章。我也慢慢成了多面手，班主任、辅导员都能做，数学、科学都能教，而且还训练了全校 130 多人的鼓号队，排练的鼓号操拿回了全市第一名的奖状……

可惜，因为有了一点点的小成绩，不久我就被提拔了。于是，我成了青年老师眼中的"领导"。我开始游走于不同的教学比赛中当评委，主持不同的教研会议，在不同的学科、场合给老师做培训，受邀在不同的会议上上观摩课、作报告……时光荏苒，我越来越少地长期担任一门课教一个班，也越来越少地长时间担任一个班的班主任，我感觉距离学生远了。我经常在上下班的路上、在商场超市中碰到我教过的学生。只要是我教得时间长特别是担任过他们班主任的学生，见到我都是那么亲切，仿佛又回到了他们的学生时代，跟我有说不完的话；我当"领导"后，不担任班主任了，教得时间短的学生，见到我也很热情，但总是感觉我们之间少了一些默契。

每当静下来，我经常想，其实，做个普普通通的老师，真的挺好的。回顾自己走过的将近 30 年的教学路，有迷茫，有收获；有懊恼，有惊喜。于是，我把自己散落在从教路上的一些石头捡起来，打磨一下，穿成串，汇总成这本小册子，记录一下历程，算是对自己教育教学的一点总结。如果能给青年老师们一点点启发，我将感到非常荣幸。

方家贻笑，正之。

房富本

2020 年 2 月 7 日

于山东青岛

|目　录|

上　篇　杏坛有得

下 篇 校园手记

杏坛有得

作为教师,踏上讲台,面对教学,就要研究教学。不研究教学的教师,是经验型的教师,只能年复一年走着没有多少变化的低水平重复的老路。时代在发展,理念在更新,学生在变化,家长在进步,教育不断呼唤科研型的教师。从经验型的教师成长为科研型的教师,没有更好的路径,只有踏踏实实做学问,读书、学习、写文章,磨课、研讨、多思考。不记得是哪位前辈说的了:"如果你能三年坚持天天写,一定会写成名师。"写什么?我的体会就是写课堂反思、教学随笔、教育故事、经验偶得、创新妙思、课题研究……只要你有所思,都可入文,皆可成章。

第 1 章　课堂之窗

　　这一章里的几篇文章都是我在课堂教学实践中对教学方式、学科教学等方面的思考。有的是对教学模式的探索,有的是对课程建设的想法;有时候因为一节课的打磨、一个观点的提出、一个案例的整理,就引发我一些感悟。于是,我就精心把这些过程梳理一下,写下来。其实,往往写下来的过程就是整理散乱思路的过程,就是明确观点的过程,也是提升自己的过程。

第 1 节　"三段五环"学程模式构建探讨

摘要："三段五环"学程模式以尝试教育理论为指导,把课堂的教学过程分为导入新课、探究新知、总结评价三段,在这三段中设置回学、自学、合学、省学、延学五个环节,给学生充分的尝试探究与合作互助的自主学习空间,为学生自主发展、实践创新能力的培养提供更多的机会和更大的平台。

关键词："三段五环";尝试教育;学程;核心素养

一、研究背景

青岛长江学校小学部成立于 2013 年,大部分教师为刚毕业的大学生或刚上岗的新教师,平均年龄不足 30 岁,平均教龄不足 4 年。年轻教师有激情有活力,但往往经验不足,备课水平也不高,课堂质量参差不齐。如何更好更快地提高课堂效率、提升学生的学科核心素养,成为摆在我们面前亟待解决的问题。

课堂是学生思维流动的载体。课堂上如果没有思维的参与和激发,学生就很难获得学习的深层次动力和兴趣。因此,教师一定要给学生提供思维快速启动、灵感碰撞、顿悟愉悦的机会。而要提供这样的机会,最简洁、最直接、最容易的方式就是尝试。给学生不断尝试、接触困难、战胜困难的机会,比教师直接帮他们解决困难效果要好得多。因为"学"和"习"归根到底是学生自己的事情,教师应该在学生最需要帮助的时候出现,指点他们走出思维的困境。

目前,学校青年教师的备课,无论是集备还是教研,主要是关注教师的教,而较少从学生需要的方面去考虑。本文提出"三段五环"学程模式,就是要有效引导教师从"备课"转变为"备学",即从备如何"教"转变为备如何"学",从而彻底改变教师教的方式和学生学的方式,重塑课堂生态。

二、理论依据

(一)尝试教育理论

全国著名特级教师邱学华先生认为："尝试教育的实质是让学生在尝

试中学习，在尝试中成功。它改变了传统的教学模式，不是先由教师讲解，把什么都讲清楚了，学生再练习，而是先由教师提出问题，学生在旧知识的基础上，自学课本和相互讨论，依靠自己的努力，通过尝试练习去初步解决问题。"基于此，我们在课堂教学的新授阶段提出了自学、合学、省学三个重要环节，先试后导，先练后讲，将学生放在课堂的核心，依次展开学习。

（二）最近发展区理论

维果茨基认为："教学应着眼于学生的最近发展区，为学生提供带有难度的内容，调动学生的积极性，发挥其潜能，超越其最近发展区而达到下一发展阶段的水平，然后在此基础上开始下一个发展区的发展。"根据此理论，我们采取"先试后导、先练后讲"的形式开展课堂教学，鼓励学生积极发展。

（三）核心素养的释义

中国学生核心素养课题组从文化基础、自主发展、学会学习三个维度指出："学生应具备能够适应终身发展和社会发展需要的必备品格和关键能力。"其中，自主发展"重在强调能有效管理自己的学习和生活，认识和发现自我价值，发掘自身潜力，有效应对复杂多变的环境，成就出彩人生"；学会学习"主要是学生在学习意识形成、学习方式方法选择、学习进程评估调控等方面的综合表现"。

从这些论述中，我们不难发现，给学生尝试、合作、自悟的机会对他们核心素养的提升是非常关键的。"三段五环"学程模式给他们提供的恰恰就是这样大胆尝试、勇于出彩的诸多机会。

二、"三段五环"学程模式的操作

（一）"三段五环"学程模式的实施策略

"三段五环"学程模式注重给学生尝试和出彩的机会，尽可能多地与学生生活实际相联系，让学生从生活中找到课本的影子，从课本中找到生活的例子。在课堂教学过程中，教师借助学队竞赛的管理模式和点赞的评价模式，推动学生自主管理、高效学习、积极参与的意识和能力。此模式让教师备学程，就是给教师"备学"的机会，从着眼于教师准备如何讲课转变为引导学生如何学习,实现"教着教着老师就不见了""教是为了不教"的目标。

(二)"三段五环"学程模式的基本流程

"三段",即导入新课、探究新知、总结评价;"五环",即回学、自学、合学、省学、延学。其基本流程如图1-1所示。

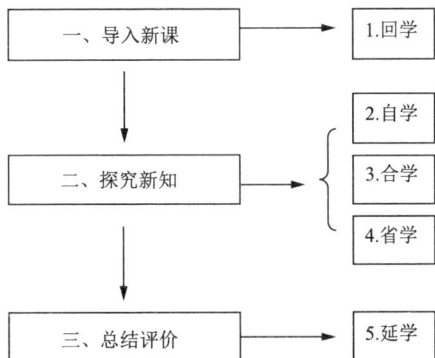

图1-1 "三段五环"学程模式的基本流程

(三)"三段五环"学程模式流程详述

1.课堂第一段:导入新课——回学

导入新课阶段的主要形式是回学,即以旧引新,复习前面所学,为新课学习做好铺垫。例如,数学课要坚持口算天天练:每节课布置6道左右的口算练习,计时口算、同位互批、教师抽查、及时评价,迅速进入数学学习状态;然后是尝试练习题,根据新课内容,设计尝试练习题,以旧引新、以新带新。再如英语课,在新授整合课中,热身环节可以用 Sharp eyes、Free talk、Chant、歌曲等形式回顾复习与本课新授内容相关的知识;在语音教学过程中,可以先出示已学单词,回顾发音,再通过以旧引新,让学生尝试拼读。

2.课堂第二段:探究新知——自学、合学、省学

探究新知是课堂教学的主体部分,一般突出学生的自学、合学、省学等三个方面。

(1)自学

教师在学程中提出自学目标,学生尝试自主学习。例如,数学课要先由学生自主梳理信息、提出问题，再通过小组、班级交流后，教师引导学生自己尝试解决问题。例如，语文课上先让学生自读课文，划分段落，概括段意和课文主要内容；联系上下文，批注生词含义，批注读文感受。再如，英语课上可以在阅读课中让学生先自己阅读，尝试完成阅读题，教师再进行讲解和阅读方法的指导，最后纠正答案；在语音课上，让学生先自学新词的拼读方法，较难的词汇通过合学的方式来完成，在此过程中，教师可以给予一些方法提示；在新授整合课上，Let's learn 部分多以问答和单词、短语的形式出现，但句型通常是 Let's talk 部分的重点句型，可以让学生先自学，再练习，在练习的过程中进行纠正。

（2）合学

学生在自学的基础上，与同学通过交流学习、同小组长通过研讨学习、在学队内解疑释惑，包括共同的疑问。教师进行巡视，对学生不明白的问题进行点拨。师生研学，相互交流，解决问题。例如，数学课上学生自己解决问题后，与同学相互讨论，与组长交流研讨，特别是对思路不清的问题进行探讨，然后进行三个层次的课堂练习。第一层是仿例练习：让学生自练，同位研讨，小组内学习讨论。第二层是自练组议：教师收集学生中面上存在的问题，抛出思考点，进行引导。第三层是自练师讲：教师针对出现的关键点进行点拨，出变式题学生自练，组内研讨，师生总结，解决问题。又如，英语课上，教师在尝试自学新知后引领学生通过合学的方式，小组讨论存在的问题，重点解决，再在全班范围内交流。每节课的拓展练习部分，教师通常可以采用合学的方式完成。

（3）省学

本环节是在自学与合学的基础上进行的，主要是通过课堂练习理解和巩固当堂所学，进行检测与反馈，做到当堂清。例如，数学课上对于拓展题，教师设计综合练习或拓展练习，进行检测辨析提升，让学生自己先进行练习，然后组内批阅，师生订正，解决存在的问题。为达到当堂清的目标，教师可以出 2～3 组检测题，每组题控制题量、控制梯度，做到小步子、快节奏、有收获、激兴趣。例如，语文课上教师可以让学生总结全文、谈收获，课文后面的练习题可以当堂解决，以巩固所学。再如，英语课上教师可以通过一些问答、书面练习，检验学生学习质量，巩固所学；在总结部分，通过让学生总结所学内容，来观测学生学习到的内容；在拓展部分，设计小调查形式的口语、书面练习来检测学生所学。

3. 课堂第三段：总结评价——延学

本部分是课堂的结束部分，也是很重要的部分，主要有三个方面的内容。一是回顾，总结当堂课的知识点，梳理形成知识网络。二是评价，每节课结束时进行自我和小组评价，总结各学队课堂表现情况，给学队点赞积分。三是作业，布置课后作业，将课堂学习延伸到课外，构建开放的教学系统。

在此教学模式下，教师备课以学程的方式呈现，根据各学科的不同，在具体细节上可有适当的调整以服务学生的学。

三、取得的初步成效

经过一年多的尝试和实践，我校课堂教学"三段五环"学程模式取得了阶段性的进展。该模式重视学生的尝试、探究、合作，在很大程度上提高了学生学习的积极性和参与课堂活动的意愿。与未采取该模式时相比，课堂气氛明显活跃，学生参与学习的广度、深度都有很大改进，学生小组合作学习的效率得到提升。

我校的调查数据显示，在实施"三段五环"学程模式前，对于同等难度的话题小组讨论平均时间为 3 分钟，实施该模式后，平均 2 分钟左右小组讨论即可完成。班级平均成绩、学生的优秀率和及格率在实施后也有明显提升。我们随机抽取的 6 个班级作为样本得出的数据显示，有97.88% 的学生非常喜欢该模式，其中 78% 的学生喜欢的原因是课堂有趣，有 72% 的学生认为该模式有助于学习效果提升，有 56% 的学生认为在该模式实施的课堂上能够表达自己的意见并得到他人尊重，有 43% 的学生则认为自己在课堂中的地位得到了提升。该模式的实施不仅受到学生的喜欢，还得到了我校教师的青睐。大多数教师认为，该模式帮助自己理清了教学思路，减轻了自己在课堂上的负担，促进了学生的主动学习、深度学习，提高了课堂教学效率。

四、反思及展望

"三段五环"学程模式作为一种教学模式，是引领教师们在实践中落实我校"尝试出彩"核心理念的重要抓手之一。年轻教师通过"三段五环"学程模式，可以迅速掌握课堂教学的核心理念、基本流程，有效提高教学质量，促进学生核心素养的提升。这是入职初期一种非常好的自我培训和提高的方式。当教师掌握了该模式的核心并运用自如后，我们必然要引导他们创造出富有自己风格和特色的教育教学模式，更好地服务于学生核心素养的提升。下一步，我们在扎实推广"三段五环"学程模式的基础上，还会不断丰富和完善该模式，特别是打破课堂的时空限制，实现课程的整合，创造开放式教学，进一步做到生活和课堂相结合，达到培养和提升学生核心素养的目的。

参考文献

[1][苏]维果茨基. 维果茨基教育论著选[C]. 余震球，译. 北京：人民教育出版社，1994.

[2]邱学华. 邱学华与尝试教育人生[M]. 北京：北京师范大学出版社，2006.

[3]核心素养课题研究组. 中国学生发展核心素养[J]. 中国教育学刊，2016(10)：1-3.

（本文原刊于《中小学校长》2018年第6期，收入本书时有改动。）

第 2 节　对青岛版《科学》四大模块的认识

青岛版《科学》教材简明扼要,具有开放性强、空间大、结构模块化、过程活动化等特点。教材在每一课中都设置了活动准备、活动过程、自由活动、拓展活动四大模块。那么,如何认识、用好这四大模块,更好地培养学生的科学素养呢?

一、怎样认识四大模块?

青岛版《科学》在引导学生进行科学探究过程中设置了四个模块,活动准备是前提,活动过程是主体,自由活动是发展,拓展活动是延伸。四大模块环环相扣,联系紧密,形成了一个科学、严谨的探究过程。

(一)活动准备是前提

做好充分的活动准备,是更好地进行科学探究的前提条件和重要保障。活动准备越充分,探究活动就会越顺利、越深入。青岛版《科学》把活动准备作为一大模块单独呈现,具有深远的意义。这一模块是课前学生根据教材的探究内容自己进行有关准备的一个活动过程,内容主要涉及初步了解探究活动的主题、调查了解与生产生活应用的联系、进行课前的初步探究活动、收集相关的图文声像资料、准备实验材料、课前制作及种植、养殖活动等。活动准备以准备活动材料和收集相关背景资料为主,同时进行方法、心理等准备,是一个课前探究的热身运动。

青岛版《科学》重视活动准备这一模块,对准备的材料、范围、注意事项进行了必要的提示,但不硬性规定,给了学生充分的自主性。学生从周围熟悉的事物入手,在已有经验的基础上进行积极的课前准备。当学生进行活动准备时,在好奇心的驱动下,他们会主动运用已有经验对准备的材料进行观察、认识和思考,有了认同和矛盾,产生了进一步探究的兴趣和欲望。他们带着许多发现和问题来到课堂,为科学探究做好了积极的准备。

(二)活动过程是主体

探究活动是一节科学课的主体,是学生参与、感悟、交流、猜想、探索、归纳等的过程展现。青岛版《科学》活动过程这一模块充分体现了以探究为核心、让学生亲身经历探究过程的目的。在这个模块中，教师要引导学生在活动中主动提出问题、猜想假设，自主设计探究方案，进行观察、实验、制作，收集整理信息，进行思考，得出结论，进行表达与交流。活动内容的设置注重从学生熟悉的事物入手，引导他们动脑思考、认真观察、实验操作、动口交流。

（三）自由活动是发展

自由活动模块为学生搭建了一个张扬个性、自由发挥、自我表现的平台。青岛版《科学》开放性强，在自由活动这一模块中，这一特点尤为突出。科学探究空间广阔，探究活动自由，内容处理灵活。学生可以动手做、动笔写、尽情画、自由玩。在每一课的自由活动中，教材都设计了2~3个活动，学生可以根据自己的兴趣选择自己喜欢的内容进行活动。自由活动的内容可以在课堂上完成，也可以延伸到课下进行。教师不要把上下课的铃声当作教学的起点和终点，学生科学探究的活动往往不是一节课所能完成的。

值得注意的是，在自由活动模块中，青岛版《科学》把评价显性化，而且评价是多元的、全过程的，符合儿童心理，体现了科学课程标准所提倡的评价理念。教师可以放手让学生进行形式灵活的多元评价，进一步激发学生对科学的学习兴趣和探究热情。

（四）拓展活动是延伸

科学学习是个开放的系统，拓展活动是课堂探究的延伸。将学生的科学探究活动由课堂探究延伸到课外，学生由问题入手，继续发现研究新的问题，开辟了科学探究的新篇章。教师要引领学生把小课堂变成大天地，兴趣盎然地到校园、家庭、社会、大自然中学科学、用科学，将探究活动不断推向深入，尽情体验科学探究的乐趣，培养学生良好的科学探究习惯。

二、如何用好四大模块？

（一）活动准备要"广"

科学课要讲究课前的准备，课前准备必须要重视广泛收集研究材料。教师应指导学生围绕课题，通过网络、影视、报刊、书籍等多种途径收集研究材料,参与到有结构材料的准备活动中来。例如,在学习《我们周围的动物》一课前,让学生想方设法广泛收集有关动物的图片和文字、声像资料,把自己喜欢的小动物带到课堂上进行研究。学生积极性很高,有的周日带着相机到青岛动物园给老虎、狐狸、孔雀、天鹅、蟒蛇等照了相;有的捉来蚂蚁、蝴蝶、蚯蚓等;有的学生从网上查找、下载有关动物的图片、文字等资料;有的到书店、图书馆查找资料;还有的将《奇妙大自然》中的精彩节目视频带到课堂上进行分享。

活动准备也是教师的重要任务。教师要有针对性地广泛收集材料,使收集到的材料具有典型性和结构性,为学生的探究活动提供必要的补充材料。例如,教师可以针对动物的生活习性等特点,收集各种动物的资料提供给学生。这样学生对动物进行探究时,既有图片资料,又有声像资料,还有文字资料,更有实物资料,为认识动物提供了典型的、有结构的材料,使学生看到了多种多样的"动物世界",激发了探究动物奥秘的兴趣。

（二）活动过程要"动"

科学课动起来很重要,教师要想方设法让学生多动脑、多发现、多动手、多表达。例如,在上三年级上册《水流产生力量》一课时,教师引导学生反复观察三峡大坝等相关的视频资料,联系实际动脑思考,提出了"水流为什么能发电"等有价值的问题。教师让学生动脑猜想假设、设计探究的方案,让学生动手实验,让学生收集整理信息、思考得出结论,然后进行表达和交流。一个"动"字贯穿了学生的整个探究过程。

（三）自由活动要"放"

科学课要重视学生的亲身体验,教师一定要大胆放手让学生自由活动。例如,在上《科学在我身边》一课时,自由活动环节,教师让学生张开想象的翅膀,展示自己的科学才华。有的学生用画笔描绘了登上月球、移民海底联欢的情景;有的制作了飞上火星、与外星小朋友联欢的手抄报;还有的扮演机器人表演遨游太空的节目……学生非常投入、无拘无束,充分享受着科学带给他们的快乐。教师还引导学生进行形式多样的评价,让学生进一步体验到科学探究的乐趣。

（四）拓展活动要"伸"

教师要有大科学教育观。科学学习不仅仅是在科学课堂上完成的，优秀的科学教师要善于把科学探究活动延伸到课外、延伸到生活中，使日常生活成为科学学习的大课堂。例如，上《有趣的浮沉现象》一课时，学生对潜水艇产生了浓厚的兴趣。教师因势利导，让学生在课外查找资料，自己设计并动手制作一个能浮能沉的小"潜水艇"。学生的创造力是惊人的，有的学生制成了玻璃瓶"潜水艇"，有的制成了皮球"潜水艇"……教师利用科技活动时间举行了小小设计师潜水艇模型展，在学生中引起了很大的反响。这次模型展后，不少学生借鉴别人的制作，进一步改进了自己的作品，制出了自己满意的潜水艇模型。

要用好青岛版《科学》这四大模块，策略、方法很多。我们做了一些研究和尝试，并收到了一定的效果，但要更好发挥这四大模块在培养学生科学素养中的作用，尚需继续探讨。

（本文原刊于《科学课》2006 年第 2 期，收入本书时有改动。）

第 3 节　让学生成为科学探究的主角

《小学科学课程标准》的基本理念之一是"科学学习要以探究为核心",学生是科学探究的主角。科学课上,教师要引领学生像科学家那样在进行科学探究的过程中,体验学习科学的乐趣,增长科学探究的能力,获取科学知识,形成尊重事实、善于质疑的科学态度,了解科学发展的历史。一节科学课,科学结论也许只有三言两语,但学生亲历的探究之路是个长长的过程,而这一过程又是必须经历、非常重要的。那么,教师如何真正让学生站在科学课堂的中央,充分地进行科学探究呢?我认为要做好如下几点。

一、多层次了解学生

就我来说,通常我会在上一个单元的新课之前做好两件事:一是请学生们事先把知道的和不知道的科学知识以问卷表的形式提供给我,这样能让我在整理每个小组的问卷表的过程中把课备得有声有色,有根有据;二是事先让学生们列出该单元比较完整的一张实验器材清单,让每个小组商量着做好相关的实验准备。根据学生们可以或可能提供的实验材料,我仅需要补充一些欠缺的材料即可,这样做往往能事半功倍。很多学生在了解和准备实验材料的同时往往会在课前进行一些小实验,这样就为他们的科学探究提供了充分的时间和广阔的空间,不知不觉中激发了他们强烈的探究欲望,更为他们精彩高效的课堂探究埋下了良好的伏笔。

二、多角度解放学生

学生的创造力是无限的,学生的潜力是无穷的。当我们敢于放手的时候,我们就会惊喜地发现学生是一本永远读不完的书。学生的世界是如此丰富,让我们不胜感慨。我在教三年级科学《物体在水中是沉还是浮》一课前了解到学生很乐意研究各种物体在水中是沉还是浮,于是在我准备相关材料的基础上,允许学生带来自己想研究的物体。结果学生们带来了很多有代表性的材料:有大海螺等"稀有"材料,有小碟子,有茭白、苹果、马铃薯等。这些材料比较典型,在印证重力、体积与沉浮的关系上具有意想不到的说服力,比我"精心"准备的材料合理得多,也极大地吊起了他们探索的"胃口"。所以，当我宣布请各小组自由找5样东西由重到轻、由大到小排好顺序，再猜测、实验、比较、思考的时候，学生的积极性非常高，他们的发现又是那么新颖和科学。他们发现小碟子很重，却不会沉，装满水后又沉下去了；他们还发现，牙签有浮有沉，具体要看不同牙签的材质或有没有浸透水，牙签浸透了水就会沉。就这样，我们在开放材料的同时，也解放了学生的大脑！同样，对教科书上现成的实验结论和方法我们也可来个开放式思考：《物体的沉浮》单元中有一个活动，挤压瓶子让"潜水艇"沉到瓶底，学生探索时觉得挤压太困难、太麻烦，继而想到了只要倒转瓶子，让瓶子内充满水，它就自然下沉，而下沉的原理与压缩空气后让水进入有异曲同工之妙。

三、多方面接受学生

教师在学生探究过程中要引导他们养成良好的科学态度，不过多干预他们的探究活动，让学生能有一个自由发挥的空间，不强求他们获取很多的科学结论。比如，《物体的沉浮》这一单元结束了，虽然学生没有直接得出"重力与浮力之间的差异引起了沉浮的改变"这一重要结论，但每一次的活动都给他们留下了深刻的印象，这远比让他们简单接受一个结论更有意义。科学课注重让学生获得体验，科学探究在需要结论的同时更要注重过程。科学课由于教学目标的多元性，除了要求学生学习科学知识，还要进行科学方法与技能的训练，进行科学能力的培养以及科学情感、态度、价值观的养成等。这些目标有的是陈述性的，有的是程序性的，要区别对待。程序性目标不能通过教师的讲述、学生简单的记忆模仿学会，而是要通过学生亲历科学探究活动，在参与过程中，体验、感悟、内化才能习得。因此，科学探究应组织学生真正参与活动，亲历过程，才能更好更全面地促进科学素养的形成。

如《研究土壤》一课，这节课要学习的知识很简单，但是这些知识的获得却需经历一系列的过程：先让学生谈谈自己对土壤的认识，预测土壤里会有些什么，再让学生采集土壤，在采集的过程中初步观察，然后回到教室里进行细致的观察，表达交流，最后得出结论：土壤是含有沙与黏土、动植物及其残骸、人为垃圾的混合物。这样通过预测、采集、观察、讨论、交流，训练了科学方法和技能，同时学生的观察能力及小组分工合作能力得到了很大提高。学生认识到生命与土壤有着密不可分的关系,要保护土壤。这比教师苍白讲述、学生被动理解的效果要好得多。

四、多元化评价学生

新课标提出的有关评价学生的指标中指出:"让学生学会做人,学会求知,学会健体,学会审美,学会生活。"因此,我们对学生的评价必须实现多元化,评价的目的不仅要关注他们的学业成绩,更要发现和发展他们多方面的潜能。我在课堂上对学生的评价大多采用过程性评价,让学生在科学探究的过程中采用自我评价、小组内互评和小组间互评等多种方式。这样,教师引导学生从个体差异出发,用不同的标准去评价他们所付出的努力和所取得的点滴进步。学生在一种友好、充满激励的氛围中形成良好的科学学习态度。经过一段时间的实验,我对所任教的四个班级的学生进行了调查,结果最喜欢科学课的学生达到了 98%。学生对科学课产生了浓厚的兴趣,期待着每一堂科学课的到来。

（本文原刊于《科学课》2008 年第 3 期,收入本书时有改动。）

第4节　激发探究的兴趣　把握探究的火候

2008年5月，我上了一节《纸的秘密》，引领学生对常见、常用的纸进行探究。课上学生积极动手、动脑，精彩不断，有一些生成的资源引发了我的思考。

一、教学实录片段

（一）观察生活中的纸，激发探究兴趣

师：今天，老师带来了几件物品，大家认识吗？（出示一个装鲜蛋的纸箱）

生：鸡蛋。

师：（指着纸箱，惊奇地问）这是鸡蛋吗？

生：（笑）这是个装鸡蛋的纸箱。

师：怎么知道的？

生：上面印着"鲜蛋"。

生：一看就知道是个纸箱。

师：这两个同学观察得很仔细，不但知道这是个箱子，而且知道制作这个箱子的材料、箱子的用途。接着看，这是什么？（我像变魔术一样从纸箱中取出手提纸袋，从纸袋中取出童鞋纸盒，从纸盒中取出一本书，从书中取出一份报纸，从报纸中取出一本作业本，从作业本中取出纸折的飞机，从飞机里抽出剪纸作品等，学生很惊奇地观察并期待着下一件物品的出现。）

师：这些物品有一个共同的特点，发现了吗？

生：它们都是纸做的。

师：对，它们都跟纸有关：有的是用纸做成的物品、玩具，有的是用纸创作的艺术品。生活当中你们还见过哪些用纸做成的物品？

生：装酒的纸盒子。

生：科学课本。

…………

（二）观察纸与其他物品，认识纸的相同点

师：每个小组的桌上有一个纸袋子，请小组长把袋子里的东西倒出来，观察一下这些物品中哪些是纸，哪些不是纸。（袋子里有木片、塑料薄膜片、白纱布片、编织袋片、牛皮纸、卡纸、餐巾纸、作业本纸等。）

（学生很快把纸和其他物品分好堆。）

师：看来同学们都有一定的标准，说说你们是怎样分的。

生：（很自信）一看就知道哪些是纸，哪些不是纸。

生：纸都能写字。

师：能写字的就是纸吗？这是纸吗？（我用笔在木片上写了几个字。）

生：（迟疑一下）纸都很柔软。

师：很柔软的就是纸吗？这是纸吗？（我拿起纱布揉了一揉。）

生：（愣了一下）纸都能撕破。

生：（很激动地拿起塑料薄膜一撕）这也能撕破。

生：（学生面面相觑，很困惑。）……

师：肯定是所有的纸都有共同的特点，这些特点是其他物品没有的。看来大家还要仔细观察一下。

生：（认真观察）有的纸边上有小毛毛。

生：看不清，老师，有没有放大镜？

师：讲桌上有一个工具超市，小组长自己来选一选需要的工具或材料，用后请送回来。

　　…………

（三）探究纸的不同点，感悟比较的方法

师：这些纸有什么不同的特点？你们想怎么研究？小组先讨论一下你们的计划。

生：我们想研究哪种纸透光好。

师：怎么研究？

生：把纸拿起来，对着窗户看一看、比一比就行了。

师：有的纸对着南窗看，有的对着北窗看，行吗？

生：不行，要对着南窗就都对着南窗，要对着北窗就都对着北窗看，这样看公平。

师：同学们想得很对。在相同的条件下进行对比得出的结论更科学。还有研究纸的其他特点的吗？

生：我们想研究纸的光滑程度。

∙∙∙∙∙∙∙∙∙∙∙

（学生普遍没有想到要研究纸的吸水能力、承重能力等。）

师：大家的计划都不错。我们来看看科学小博士对我们的研究有什么建议。（大屏幕出示科学小博士提示卡。）

科学小博士提示卡

你可以这样观察	1. 从外观上观察不同纸的特征，如纸的厚薄。
	2. 借助仪器观察，如用滴管滴水，观察纸的吸水性。
	3. 在纸的观察表中可以画☆表示纸的特点，比如，在软硬程度上，牛皮纸可以画几颗星，卡纸可以画几颗星。 ∙∙∙∙∙∙∙∙∙∙
想想还可以怎么观察。	
把观察中的发现填写到观察表中。	

师：看了科学小博士的提示，你们有什么想法？

生：我们没有想到还可以用仪器观察。

生：我觉得小博士提醒我们做记录非常好。

生：我想研究纸的吸水能力。

∙∙∙∙∙∙∙∙∙∙∙

二、课后反思

（一）如何实现教学目标

1. 精准确定目标

《纸的秘密》原是青岛版《科学》三年级的教学内容，学生非常喜欢上这节课。纸与学生的生活联系紧密，他们几乎天天与作业本、课本等纸制品打交道，可谓非常熟悉纸了。但是，从科学的角度来观察纸、认识纸对于学生来说却是崭新的、陌生的。本节课以纸作为载体，让学生采用各种方法探究纸的秘密,通过对不同纸的特点进行比较,从中经历科学比较的过程。所以,本节课的教学目标是:让学生会用对比的方法探究纸;能选择自己擅长的方式表述探究纸的过程和结果;培养动手能力;乐于用学到的知识改变生活;由纸的发展认识到科学是不断发展的;关心日常生活中的科技新产品、新事物;知道不同用途的纸具有不同的特点等。

2. 精心设计活动

为实现目标,我精心设计了四个环节的活动:一是说说生活中的纸和纸制品;二是从提供的材料中找一找哪些是纸;三是探究纸的特点,了解纸的用途;四是了解纸的历史和发展。探究纸的特点,从中经历科学比较的过程是本节课的重点,也是本节课的难点。为突出重点,突破难点,我设计了三个小环节:一是比一比,不同的纸在同一特点上有什么差别;二是排一排,按照纸的特点给不同种类的纸排排队;三是说一说,根据不同种类纸的特点交流纸的用途。从课堂教学效果上看,这些设计很好地突破了重难点,促成了教学目标的实现。

(二)如何服务学生探究

《全日制义务教育科学(3～6年级)课程标准》(实验稿)提出:"科学学习要以探究为核心。"在课堂教学中,如何引导学生进行科学探究是每个科学教师都在认真研究和实践的课题。《纸的秘密》一课上上述三个片段引发了我两点思考。

1. 激发探究的兴趣

我们都知道兴趣是最好的老师,但兴趣的激发是分层次的。

片段一中,我给学生提供了有结构的材料、纸质的物品、纸制的玩具、用纸表现的艺术品等,不仅调动了学生的生活经验,而且引发了学生的探究热情;我借用魔术的形式深深地吸引了学生的注意力,使学生对探究的主题产生了浓厚的兴趣。对学生来说,这种兴趣的激发虽然是浅层次的,但能一下子抓住学生好奇、求异的心理,很快导入新课,进入探究的主题。

片段二中,学生由开始的自信到深入思考,再到茫然无措但又急于想探知其中的秘密,这种兴趣的激发是一种深层次的激发,调动了学生内在的探究激情。我想,在探究的过程中,教师要尽可能多地创设这样的情境,使学生经常体验"不愤不启,不悱不发"的过程。这种兴趣的激发更持久、更有内在的动力。

2. 把握探究的火候

我认为，教师要把对学生科学探究的指导分为三个层次：一是指导性探究，二是引领性探究，三是自主探究。对于指导性探究，教师指点的成分要多一些，要教给学生探究的方法；对于引领性探究，教师可在适当的指导下，逐步放手让学生体验探究的过程；自主探究对学生的要求相对较高，教师要大胆鼓励学生独立探究。三年级学生科学探究的水平较低，对于他们来说，应该以指导性探究和引领性探究为主，适当指导学生自主探究。所以，片段三中，我在学生探究时先让学生讨论应怎样探究，当发现他们的思路不够宽、方法不够多时，我给学生提供了科学小博士提示卡，告诉他们探究应注意的问题等，使学生的探究能在短时间内有效进行。三年级的学生对自己探究成果的表达能力也是比较弱的。为便于学生的表达，我也给了学生一定的提示，如可以用画☆的方法记录纸的特点，使学生能较好地表述自己的研究成果。

3. 保证探究的真实

科学课上的探究一定不要走过场，要扎实、真实。现在有的课表面热热闹闹，但学生并无多少实质性收获。我认为，教师要引领学生把探究活动在一个个点上深入下去，实现由"一英里宽、一英寸深"到"一英寸宽、一英里深"的转变。在本课教学中，我特意引导学生观察了纸的纤维，这是纸区别于其他物品的关键，也是学生容易忽视的地方。观察纸的纤维不仅提醒了学生观察要仔细，而且使学生体会到使用工具往往比用感官观察有效得多。我在这个环节上投入了较多的时间。我想，哪怕学生就是在这一个点上有收获，有感触，也一定会使他对科学探究留下深刻的印象。事实证明，学生观察得非常仔细，体验也非常深刻。

（本文原刊于《科学课》2008年第9期，收入本书时有改动。）

第 5 节　风扇把空气切碎了

——珍视孩子们精彩的发言

语言是思维的外壳。孩子们经历探究的过程后,就要进行汇报交流。这个交流是很重要的,教师们一定要认真倾听,同时也要让其他的孩子认真倾听,要告诉孩子们学会倾听是一种重要的科学素养。孩子们的发言一般有两种情况:一种是中心发言人所阐述的观点是小组内成员共同探讨得来的,他用自己个性化的语言来表达,这种表达很可能把大体的意思说出来了,但有时候不能让小组内的所有人都满意;另一种是纯粹的个人观点,限于表达能力,也许并不能完全表达自己的意思。科学教师一定要珍视孩子们的这些发言,引导孩子们把观点表达完整,甚至引导孩子们把这些观点进行二次整理。这一点是非常重要的,因为这是孩子们亲历科学探究的第一手资料,是一种真实状态的探究,是为大家共同讨论、教师点拨引导最终得出比较科学结论奠定基础的。对如何珍视孩子们课堂上的发言,我有如下的建议。

一、听懂孩子们的话

孩子们的表达水平并不相同,有的孩子是茶壶里煮饺子——有话说不出,而有的孩子擅长文学性描述,往往说着说着自己就迷糊了,不知所云,跑题了。我们教师一定要认真倾听孩子们的表达,判断孩子们在说什么,听懂孩子们的话,弄明白他们的意思,帮助他们把自己的观点表达完整。如《肺和呼吸》一课中,有的孩子问:"口腔是不是呼吸器官呢?"教师启发引导孩子体验、比较用鼻子呼吸和用口呼吸有什么不同。孩子们纷纷说:"用鼻子呼吸舒服,用口呼吸不舒服。""用鼻子呼吸多,用口呼吸少。""用口呼吸感觉把细菌吸进去了。"这个时候教师追问了一下:"用鼻子呼吸时,你也觉得把细菌吸进去了吗?"孩子们表示用鼻子吸气时没有这个感觉,教师趁机引导孩子们仔细观察鼻子的构造并与口腔进行比较。最终大家认为,鼻子是呼吸器官,而口腔主要的功能之一是吃食物,所以归为消化器官更合适一些。

另外,一定要注意另一种情况,即当发言的孩子讲话的时候没有表达明白,而这时候其他的孩子听明白了,急于补充,教师也要先给发言的孩子足够的时间，并善意地提醒急着发言的孩子稍微等一等；若发言的孩子实在表达不清了，可以征求一下这个孩子的意见，让他选一个孩子帮自己补充表达。如《苹果为什么会落地》一课中，教师领孩子们认识测力计，孩子们发现测力计上有个"N"，有的孩子猜可能是吨，也有的猜可能是为了纪念牛顿。这时候有个孩子急急地插话说："好像从书上看到过是'牛顿'，是个表示重力的单位。"教师表扬了这个孩子平时注意多读书、多了解科学知识的积极态度和学习精神，同时也善意地提醒他要注意先听完发言同学的话，得到允许后才能发言。

二、听完孩子们的话

在课堂上，孩子们有时候表达比较啰唆，还有的孩子抢话说。每当这时候，我经常见到有的教师很简单、粗暴地打断孩子的话。我认为，这是不可取的。一定要引导孩子们把自己的观点表达完。精彩，往往就在一瞬间。例如，在教《空气》一课时，教师打开电风扇，孩子们感觉有风了。有个孩子说："风扇把空气切碎了。"教师马上打断他说："空气怎么能切碎呢？"这个孩子非常尴尬。其实，这位教师完全可以趁势引导他继续说出自己的想法："你说的切碎是什么意思呢？"孩子也许会说："就是扇叶切开空气，把空气推出去，再切下，再推出去，这样空气就动弹了，向前跑了，就是风。"通过和其他同学共同交流，大家就会得出结论：空气流动形成风。《蚯蚓找家》一课中，教师让孩子们观察蚯蚓后问蚯蚓喜欢什么样的环境。孩子们纷纷发言，有的说："蚯蚓喜欢潮湿的环境……"话还没说完，教师就打断了他："谁还想说？"于是另一个说："喜欢松软的环境。"又一个说："喜欢黑暗的环境。"课后我了解到，其实，第一个孩子就想把这些一下子说完，但是被教师打断了，让其他同学说了，自己心里很不痛快。而教师却说是为了给更多的孩子机会。我倒是认为，第一个孩子探究出来的结论尽可能大胆地让他说完，说的不对的地方，肯定会引起其他孩子的争论，那就让他们在争论和辩解中进行深入交流，肯定会得出比较科学合理的结论。再如，在《我是怎么出生的》一课中，教师让孩子们反背书包体验母亲十月怀胎之苦，谈感受。一个小男孩在绕场走了两圈后气喘吁吁地说："沉！累！两肩累，主要是——肚子也沉！弯腰捡纸累！费劲！"孩子们会心地笑了，不由自主地鼓起掌来了。试想，如果教师打断了这个孩子的话,他的表达肯定不会这么多,也不会这么深刻,而其他的孩子也不会产生如此的共鸣。

《苹果为什么会落地》一课中,教师让孩子们扔一扔气球和垒球,说说看到的现象。有个孩子说:"气球飘起来了,垒球落下来了。"这个时候,许多教师往往会急不可耐地打断,问:"气球一直飘着吗?"其实,可以延迟一下这个追问,让孩子把话说完。果然,孩子接着说:"气球比较轻,飘了一会儿,也落下来了。我猜气球虽然轻,可是仍然有重量,所以最后还是落下来了。"你看,他不仅把现象说出来了,而且加上了自己的推理。

三、听孩子们真实的话

有些孩子喜欢揣摩教师的心思,知道教师欣赏哪个答案就去赞同哪个答案,久而久之,就养成了没有自己的观点、倒学会了察言观色的不良习惯。科学课上我们希望了解孩子们真实的发现,听到孩子们真实的表达。因为科学是来不得半点马虎的,自然规律是不以人的意志为转移的。《磁铁》一课中,教师让孩子们观察静止的小磁针有什么特点。大多数的小组发现,小磁针能指南北。有一个小组坚持说"不对"。教师让他们借其他组的小磁针再试试,还是不行,小磁针总是偏得很厉害。教师表扬了他们,并提示他们和别的小组进行实验比较,最后发现他们组有个孩子的铁质铅笔盒离小磁针太近了,影响了小磁针指南北。

《苹果为什么会落地》一课中,教师让孩子们用测力计测物体的重力并做记录,三个小组测得的数值见表 1-1 所示:

表 1-1 实验数据

（单位 N）

	小车	苹果	垒球	气球	钩码	钢笔
第一小组	1.1	1.7	1.2	0.02	0.5	0.4
第二小组	1.1	1.8	1.1	0	0.6	0.4
第三小组	1.2	1.6	1.1	0.01	0.5	0.5

孩子们关注的焦点在气球的重力上,各个小组争了起来。第一、第三小组的代表认为,气球有重力,不是 0;第二小组的代表说:"我们测气球重力时,指针连动都不动。这说明气球的重力很小,接近 0。我们虽然写

了 0，但是并不是说气球的重力就是 0。"第一、第三小组的代表没有话了，因为他们也没有真正称出气球的重力，而是觉得测量不出来，就估摸着写了个数，因为知道气球很轻，就写了个很小的 0.02 和 0.01。这个时候，教师表扬第二小组的孩子在做实验时实事求是得出了严谨的结果，其他小组要跟第二小组学习。

四、引导孩子们说规范的话

孩子们的原始语言具有自己的特色，有些话语在方言里大家也许都明白，但是从科学课的角度来说不够严谨。这个时候，教师需要引导孩子们去说规范的话，用科学的术语来表达现象和结论，让孩子们从小养成良好的习惯。例如，在上《肺和呼吸》一课时，孩子的表达往往是："我们吸入的是氧气，呼出的是二氧化碳。"教师就要引导孩子们把话说得规范些："我们吸入的是含有氧气较多的空气，我们呼出的是含二氧化碳较多的空气。"再如，上《溶解》一课时，当我们把食盐放进水里，过一会儿，食盐看不见了，这种现象孩子们经常会说"食盐化了"，我们就要告诉孩子们："科学上，这种现象就叫食盐溶解在水中了。"在上《玻璃》一课时，教师让大家找一找玻璃和塑料的区别，孩子们说："塑料用手一掰就弯了，玻璃不行。"还有个孩子说："玻璃也能弯，我看到玻璃店里的师傅抬一块大玻璃的时候，玻璃也是弯的呢。"教师引导孩子们说："对，塑料和玻璃都有弹性，塑料的弹性更大一些。"孩子们就知道，原来他们说的"弯了"，其实就是指玻璃也有弹性。这样，久而久之，学生比较规范的科学术语就会积累得越来越多，对后面的学习会起到良好的潜移默化的作用。

总之，孩子们课堂上的每一句话都代表着他们的所思所想，我们要特别珍视孩子们的课堂语言。教师及时抓住教育时机，也就是抓住了这些生成的资源，把课上精彩，让孩子们体验科学探究之趣！

第 6 节 兴趣是把金钥匙

—— 让学生在探究中动起来

兴趣是探究的原动力。人类的好奇心与生俱来,每个人都有对未知事物的强烈探究欲,正所谓趣因疑生。多年的科学教学实践让我深深体会到,要让孩子们在科学探究中真正动起来,就要激发孩子们的兴趣,兴趣是把不可或缺而又神奇的金钥匙。

一、在期待中积蓄兴趣

常常有科学教师疑惑:我们的科学课需不需要让孩子们预习?原来,教师们担心孩子们预习了教材,就知道了教材中的一些结论,会失去学习的兴趣。特别是一些青年教师要上公开课前,非常担心自己的问题刚说出口,孩子们就给出一个标准的答案。

我觉得,科学课需要预习,这是确定无疑的。当然,关键要看怎么布置预习了。科学课的预习是一种前伸,它引导孩子们把生活经验向科学研究的方向靠拢。孩子们主动参与科学课的预习和准备工作时,就已经开始不自觉地进行了初步的探究,有的会生成一些问题,而这些问题恰恰是他们比较关心但又无法自己解决的。这不就是我们教师要引导他们解决的吗?这些正是兴趣的切入点。问题越多,积蓄的兴趣就越浓,对新课的到来就越期待。

例如,在教五年级《声音的秘密》一课前,我让孩子们自己准备实验的材料,进行简单的探究,要求他们带着问题来上课。结果,孩子们兴趣浓厚,刚上课就提出了很多感兴趣的问题:"音箱产生的声音是怎么回事?""为什么小提琴的声音和钢琴的声音不一样?""敲锣时,马上捂住锣,可是在很短的一段时间内还有嗡嗡的声音,这是怎么回事?""喊山的时候听到的回音难道是对面的山在振动吗?"这些问题吸引着他们参与课堂的研究。他们闪亮和兴奋的眼神告诉了我他们对科学课的喜爱。在教学三年级《我们的身体》一课前,我也让孩子们回家对着镜子观察自己的身体,看看有什么发现,想提出什么科学问题。结果,他们见面就问我很多问题,有个孩子甚至说:"老师,我就希望你早点给我们上科学课。"

二、在活动中激发兴趣

科学探究要注重孩子们的亲身参与。这种参与，一定是一种能调动大脑思考的参与。只有进行了科学思考的探究活动，那种参与的兴趣才是由内而外的，才是持久和高效的。

（一）在方法指导中引领兴趣

新课改把过程与方法也作为教学目标之一，这是很有必要的。方法也应该是孩子们学习兴趣的培养点。上《有趣的不倒翁》一课时，孩子急于想知道不倒翁不倒的秘密。怎么办呢？让他们想办法，孩子们很快想到可以把不倒翁打开来看看。我告诉他们，在科学学习中，这个方法叫作解暗箱法，以后遇到这样的问题就可以用这个方法去研究。结果，后来学习中当我把潜望镜模型、观星箱模型带给孩子们的时候，大家纷纷用解暗箱法研究它们的结构，自己回家制作了自己的科学小仪器。我们还举行了一个制作比赛，孩子们兴趣盎然。有个孩子制作了一个小的凹面镜的太阳能烧水器，用一个小瓶盖装水，放在阳光下烧水，结果怎么也烧不开，问我怎么回事。我说："你这个太阳能凹面镜做得非常好，选择放小瓶盖的位置也很对。为啥烧不开水呢？你猜猜会有什么原因。"后来，孩子猜可能是这个凹面镜太小了，聚集的阳光太少，所以热量也不够多。我说："那你可以做得大一些再试试。"结果他让爸爸帮忙做成一个很大的装置，果然把一小杯水烧开了。孩子非常兴奋地把这个好消息告诉了我。

我还引导孩子们在做科学实验的时候动脑筋，想办法，给他们讲了诸如爱迪生测量灯泡的体积的故事，给了他们很多的启发。所以，我的课堂上孩子们动手的积极性很高，他们会想到很多方法解决问题。在上《纸的秘密》一课时，孩子们做按照纸的吸水性给纸排队的实验时，有的把不同的纸裁成同样长短和宽窄的纸条，粘在同一把尺子上，同时放入同一个水槽中；也有的孩子把不同的纸裁成同样大小的正方形，用同一支滴管分别向不同的纸片上滴同样滴数的水；还有的把玻璃片上滴上同样的水，把大小相同的纸片放在水上，同样的时间后拿走纸片……在使用不同方法的研究中，孩子们经历着像科学家一样探究的历程，骄傲自信溢于言表。

（二）在探究过程中引发兴趣

探究的过程中我要求孩子们必须全员参与、全程参与、全心参与；小组合作要求有明确的分工，每个人都要成为参与者而不是旁观者，每个人都有提出自己意见和建议的权利。只有每个人都有了自己的任务，他的责任心才会增强，他的学习兴趣才会真正提高。在上《摆的秘密》一课时，孩子们分工比较细，有的调整摆线长短、摆锤轻重，有的操作摆，有的观察摆动的次数，有的看摆动的时间，有的做记录……几轮过后，大家交换任务再次进行；得出初步结论后，有的小组长带领小组又进行了验证性的实验——因为我和孩子们说过，科学的结论是经得起反复验证的。这样，他们经过科学实验得出的结论就得到了大家的认同。在学习《凸透镜》一课时，有几组孩子的实验老是不成功，在纸屏上怎么也看不到蜡烛的像。大家都在分析原因，其中一个孩子说："会不会是我们这个凸透镜的放大倍数太小了啊？"于是，他们向我借了一个放大 5 倍的透镜（他手里的是一个放大 2 倍的透镜），结果，实验很成功。他们兴奋地汇报小组的发现，一张张小脸激动得发红。

（三）在交流碰撞中引爆兴趣

有的孩子在实验时没有认真地观察和思考，结果就按照书上的结论来汇报。因为他没有参与真正的科学研究，就不会对科学课有真正的兴趣。科学课上的交流一定要引导孩子们说真话，说实话，交流过程时发言一定要实事求是，观察到什么现象就要说什么现象，根据现象得出什么样的结论就说什么样的结论。尽管这些结论的表述有可能不很规范，但是只要是孩子们经过自身努力得到的真实的汇报内容，我们教师一定要给予表扬。在上《热气球上升的秘密》一课时，有的孩子汇报观察结果时说："塑料袋升上去了。"有观察仔细的孩子说："塑料袋先是升上去了，可是一会儿它就从袋口那里翻卷了一下，瘪了，然后就降下来了。"这个时候，教师就要肯定后面孩子的观察了，并且可以引导孩子们讨论为什么塑料袋先升后降，让孩子们在交流碰撞中去深刻地思考。再如，在上《空气占据空间》一课时，把一个空杯子倒插入水中，猜一猜水会不会进入杯子。许多孩子通过课前的预习知道了空气占据着杯子的空间，想当然地猜水进不了杯子。可是，经过实验，有的孩子发现，水并不是一点都没有进入杯子,在杯子口发现实际上有很少的水进入了杯子,杯口留下很浅一圈水的痕迹。这是为什么呢?我让孩子们进行猜想与交流,没有得出结论,我就布置他们回家查资料。后来,他们惊讶地说:"原来空气也有弹性啊!"

三、在后续中延展兴趣

作为科学教师,我们必须认识到:科学学习并不仅仅是课堂上的事情,整个生活都充满了科学,我们的生活整个就是一堂大的科学课。必须打破学校课堂这个小小的时空限制,让孩子们到广阔的大自然和社会生活中去学科学、用科学。

其实,我们的科学课有很多的内容是需要长期学习的。例如,观察四季的成因、观察四季星空,需要孩子们观察一年,做好一年的记录。这个光凭空说是不行的,教师也要经常过问一下他们的观察情况。再如,上《种辣椒》一课时,仅仅浸泡辣椒种子就需要大约一周的时间,接下来还要播种、观察。如果孩子们没有去亲自做一做,是不会有兴趣的。在学习《种子发芽了》一课后,有个小女孩自己浸泡了几颗玉米的种子。她很仔细,天天做记录,还画了图。结果,种子一粒也没发芽。原来她把种子装在一个塑料瓶子里,瓶子装满了水。这些水一直没换,给我看的时候种子都快臭了。我引导她想原因可能有哪些。她回想起课上学到的种子发芽需要的条件时恍然大悟,不好意思地说:"种子发芽的条件我记住了,可是在种的时候又忘了。"小孩子往往就是这样,我们教师不仅要引导他们学科学,还要引导他们用科学。只有当他们认识到科学就在身边时,他们学习的兴趣才会越来越高。

总之,孩子们进行科学学习的热情就像一枚嫩芽,需要我们科学教师细心地呵护,精心地引导;孩子们进行科学学习的兴趣就像一把金钥匙,这把金钥匙会开启他们探究科学之门,打开他们宝贵的科学探究的童心之锁。孩子们有了科学学习的兴趣,就会主动地像科学家一样去探究,发现一个全新的、神奇的科学王国!

（本文原刊于《科学课》2013年第1期,收入本书时有改动。）

第 7 节　落实"过程与方法"目标

新课程改革提出了三维目标,但是在小学科学教学中如何理解和落实"过程与方法"目标,教师们比较困惑。下面我用课例谈一下我的认识。

一、在科学知识的学习获得中落实"过程与方法"目标

如在上《冷水与热水》一课时,教师让学生通过体验得知不同杯子的水温度不同,但是不能明确知道哪个杯子的水温度更高,从而认识到需要有个仪器来帮助测量。教师顺势介绍了温度计,并提供"科学阅读在线",让学生阅读后同桌间说说从资料中知道了什么。在阅读和讨论的过程中学生了解了原来科学学习不仅仅是观察动手、实验操作,科学阅读也是一种非常好的学习方法,通过阅读同样可以知道很多的科学知识,"过程与方法"的目标就得到了落实。

在学生正确认识了温度计后,教师让学生尝试自己测量温度。这时候学生仅是凭借生活经验来操作,测量的结果不够科学,测量的过程也不规范。在大家交流后,教师跟学生一起设计科学、规范测量一杯水温度的操作规程,让学生按照这个规程重新认真、科学地测量一杯水的温度。这个过程中学生学会了怎么取温度计、怎么拿着温度计、怎么把温度计放入水中、放在水中的哪个位置、让温度计在水中停留多长时间、怎么读温度、怎么记录温度。这个过程尽管烦琐、艰辛,但能让学生从中体味到严格遵守操作程序的重要性,有利于培养他们严谨、规范的态度,这样就潜移默化地落实了"过程与方法"目标。

二、在动手操作的探疑解惑中落实"过程与方法"目标

在上《有趣的不倒翁》一课时,教学目标之一就是让学生在经历科学探究的过程中领会科学探究的基本方法。学生们经历了收集不倒翁样品的活动,进行了初步的玩、看等探究活动,对不倒翁的特点有了一定的认识和了解,产生了浓厚的探究兴趣。

那么,不倒翁为什么不容易倒呢?从不倒翁外表看不出原因来,很多学生想知道不倒翁里面有什么,可不可以拆开不倒翁看看。这个时候教师就要给学生充分的肯定,并且告诉他们,在保证安全的情况下,这个方

法不错。其实，科学家也经常遇到这种情况，他们也会采用这种办法。当从外部无法找到原因的时候，就从内部进行探究。在科学学习上，这个办法就是解暗箱法。接下来教师可以引导学生们以小组为单位进行研究，提示他们要注意分工合作，把发现用自己喜欢的方式记录下来，一边研究一边讨论，看看能不能发现不倒翁的共同特征以及不倒翁不倒的秘密。教师还要提醒他们注意两点要求：一是用螺丝刀时，要注意安全；二是拆不倒翁时，拆下的零件要放好，研究完后，要把不倒翁装好。

解暗箱法是科学探究的有效方法之一。解暗箱前，教师提出要求，有利于引导学生有目的、有组织、有序地进行科学探究，探究结束后要整理好物品，得出研究的成果，培养严谨的科学态度。教师要让学生进行个性化的记录，尊重学生的自主性。当学生研究后得出"上轻下重，底部是球体的物体不容易倒"这个结论后，教师要引导学生回想生活中还有没有这样的例子，从而让学生意识到科学与生活密切相关。最后，教师让学生亲自动手制作一个自己喜欢的不倒翁，用学到的科学知识指导自己的制作实践。当然，因为时间原因，有的学生没有在课堂上完成作品，有的作品还需加工。教师可让学生课下完善，并利用适当的机会举行不倒翁作品秀，给学生提供展示科技创造才能的舞台，进一步激发爱科学、学科学、用科学的热情。

这样，从观察不倒翁、猜想原因、拆开不倒翁、得出结论、寻找生活中的不倒翁到制作不倒翁、展示作品，这个完整的研究经历就很好地落实了"过程与方法"目标。

三、在有根有据的科学推理中落实"过程与方法"目标

学生由科学现象激发兴趣，进行合理的推理，在科学推理的求异创新中也能落实"过程与方法"目标。如《冷水和热水》一课中，两杯水的温度不同，若把两杯水倒在一起，水温会有什么变化呢？这个变化的过程是看不到的，需要学生根据已有的经验和已有的科学知识去猜测、推理，得出科学的结论。我们也可以引导学生借助高锰酸钾在水中溶解的过程观察类推一下，因为两杯水的温度不同，热量就会从温度高的水传递到温度低的水。推而广之，两个物体也是这样，当热量传给一个物体时，这个物体的热能就会增加，随着热能的增加，它的温度就会升高；与此同时，把热

传递出去的物体的温度就相应地降低。热量会不断地从一个物体传到另一个物体，直至两个物体的温度相等。

再如《探索月球的秘密》一课。教师首先要指导学生了解人类探索月球的过程是一个漫长的过程，是一个观测手段越来越先进的过程，是一个观测地点离月球越来越近的过程，是一个由肤浅了解到深入认识的过程。在知道月球的一些基本情况后，要通过合理的推理培养学生的科学想象能力和逻辑思维能力，对学生进行科学自然观教育，让他们知道自然界的事物是相互联系的，是有规律的，培养学生勇于探索的科学态度。学生感兴趣的问题很多，如月球上的山为什么大多是环形山。教师提示学生想象一下环形山可能是怎样形成的。另外，让学生大胆推想以下问题："月球上没有动植物，可能跟什么有关？""月球上昼夜温差为什么这么大？""怎样利用月球的这些特点更好地为人类服务？"

科学课取得的教育效果是多元的，包括科学知识、科学态度、科学精神等。教师要在教学中挖掘教材固有的教育因素和客观事实，在教学活动中，让学生经历探究的过程，获得科学的方法，切实落实"过程与方法"目标。

第8节　教师如何服务学生探究

探究是学生科学学习的重要方式,学生是科学课堂的主角。教师要引领学生像科学家一样经历科学探究的全过程,在这个过程中培养学生的科学态度、科学精神,获取科学知识,增长创新能力,提高科学素养。那么,教师如何服务学生探究呢?可以做好下面几点。

一、充满童心童趣

古话说,亲其师,信其道。科学教师只有自己对科学着迷,才会令学生"着魔"。科学教师一定要对科学探究充满热情和激情。

(一)用儿童的眼光观察多彩的世界

儿童对于自然界的好奇心是与生俱来的,他们的前概念非常少,他们对科学探究的欲望非常强烈。为了给学生的探究服务,教师就要先俯下身,把自己当作儿童,用儿童的眼光去衡量这个多彩的世界,才会理解学生。

我们要给学生宽松的环境,不要随意打断他们探究的萌芽。有的学生折一段花枝,可能是为了研究把它插到地里是不是能活,我们可以引导他了解植物的繁殖方式;有的学生长时间趴在地上看蚂蚁排队、跟蚂蚁打招呼,会有很多奇思妙想,我们要及时地引导他观察蚂蚁的身体,思考蚂蚁为什么不会迷路。

中华五千年文明留下许多民间传说、奇书异志,有很多的素材能用来激发学生科学探究的兴趣,像古代嫦娥奔月的传说、鲁迅提到的赤练蛇。一些地方特色的传说学生更是耳熟能详。教师可以借助这些素材,引导他们用科学的眼光去分析,去发现,用科学的头脑去猜测,然后提出科学探究的主题。比如,海洋里的生物有多少种?火星上到底有没有生命?

(二)用小魔术激发学生学习的兴趣

春节晚会上经常有魔术表演,学生们都爱模仿玩魔术。我们教师可以给他们准备几个小魔术。但是,科学课上的小魔术和舞台上的小魔术是不一样的。科学课上的这些小魔术必须蕴含着科学道理,而不是障眼法。比如,看了《打架的小鸭》《不会湿的纸团》《瓶子吞蛋》这些小魔术,学生们在瞠目结舌中会在大脑里产生许许多多问号。有了问题,他们就有了探究的原动力。有的时候学生太过好奇,甚至会去教师上节课执教的班级打听"秘密",这个时候教师必须有后手。比如,表演《不会湿的纸团》魔术时,教师提前准备一个"听话"的杯子,杯子底部有个小孔,教师用手指摁住,可以随时控制是否让杯子进水,这样就彻底让学生们瞠圆了好奇的眼睛。

教师需要注意的是,这些科学魔术表演完了,学生经历了像科学家一样的探究过程后,一定不能浅尝辄止,要及时激发他们的科学幻想:能不能做架真正的"天梯",去月亮、火星探宝?能不能做个装置,让未来的人类在海底城市自由地"呼吸"?现在的交通拥堵厉害,能不能做一个像飞毯一样的飞车?

(三)用激情点燃学生学习的热情

学生具有很强的向师性,教师对科学的激情在潜移默化中影响着学生的学习热情。对于小学的科学教学,我们要有高度的责任感。基础教育中学生科学素养的高低从一定程度上代表着整个国民科学素养的后劲。目前我们对小学科学教育的重视程度不太够,学生的科学素养不太高,令人担忧。发达国家对小学科学教育都非常重视,甚至科学课的课时量丝毫不比数学少。我们科学教师任重道远。因此,我们一定要自己热爱科学教学,用我们的激情点燃学生学习科学的热情,为提高学生的科学素养而加油,为中华民族的伟大复兴做出我们应有的贡献。

二、做好课前准备

为了更好地服务学生的探究,教师必须做好课前准备。这个课前准备包括的内容很多,包括教师的教学基本功、学科素养、教育理念、实验器材等方方面面。

(一)增加自己的知识储备

现代社会,学生获取信息的渠道很多、方式灵活多样。这就对教师们提出了更高的要求,不仅仅是要求教师有"水",而且要有清澈的"长流水"。孙中山先生说:"我一生的嗜好,除了革命之外,只有读书,我一天不读书,就不能生活。"作为科学教师,我们更应该天天读书。现代科技的发展日新月异，我们既要读经典著作，又要了解科技前沿，至少，我们应该有了解最新科学教学理念、最新科技发展的习惯和途径。要多读小学科学教学大师刘默耕、章鼎儿、路培琦等先生的著作，要多读《科学课》《大自然探索》《科学课程标准》等期刊和理论读物，还要多读初中和高中的物理、化学、生物课本等，俯视所教的小学科学。

（二）做好充分的课前准备

每一节科学课前，教师必须把课上要做的实验自己先做一下。我们知道，科学的结论是经得起反复验证的。但是，有些时候课堂上往往会出现一些意外的因素影响了实验效果。比如，《物体的热胀冷缩》一课中，用酒精灯加热小铁球，证明固体受热膨胀。如果加热时间不足，小铁球没有足够的膨胀，是容易穿过铁环的。教师在课前做做实验，知道最少需要加热多长时间，就不会出现课堂上的尴尬了。如果真的在课堂上失败了，也没有关系，那就引导学生分析失败的原因，如是不是用酒精灯加热的方法不对，是不是加热时间不够长。要勇于承认实验失败，让学生感受到严谨的科学态度。再如探索凸透镜成像的规律，做凸透镜使蜡烛成像的实验时，蜡烛成像容易不清晰。教师课前一定要先做做这个实验，并弄明白为什么不清晰。多做几组对比实验就会知道，有时候背景纸屏的颜色、蜡烛芯子的长短、白天室内光线的强弱都是容易造成实验失败的原因，不同倍数的凸透镜更是容易影响效果，能放大 2 倍的凸透镜就远不如放大 5 倍的凸透镜效果好。

教师还要熟悉学生的情况。比如实验中要用到酒精灯，就要使用火柴。但是现在的学生几乎没有划过火柴，他们平时用到的都是打火机，那么教师就要首先教会学生划火柴。再比如《降落伞》一课，学生不会把线打结，就完不成制作任务。

课前教师还需要收集大量的有结构的材料。有的时候教师需要提前布置学生收集上课用的材料，但是他们的生活经验和活动范围决定了他们收集的材料都差不多，很简单，有时候没有典型性。这时，教师就需要亲自收集材料或者制作一些样品。如制作岩石百宝箱，学生收集的就几样普通的小石头，教师就可以多收集一些石头样品。再如，教师可以提前制作好观星箱、潜望镜、不倒翁、纸飞机样品等，展示给学生看，启发他们去做。一些简单的作品还可以收集已经教过的学生的作品,让学生感到做这些并不难,难在自己不去做,如展示前面教过的学生自己做的纸、人体的观察记录、自制雨量器。

三、真正尊重学生

在科学课上,我们必须尊重学生。这话说起来容易做起来难。教师往往凭自己已有的知识经验去评判学生的发现,以心理上的优势俯视学生所有的科学探究活动。其实,学生科学发现的火苗是很微弱的,需要教师精心地呵护。

(一)尊重学生的前概念

儿童的认知规律是一个从不完整到完整、从不规范到规范的过程。不规范的前概念既是学生探究的基础,有时候也是学生探究的障碍。要尊重这些前概念,不要挖苦、讽刺学生,更不要置之不理。装满冰块的杯子壁上的水珠是渗出来的、重的物体在水里肯定沉下去……这些都是学生的前概念。教师要引导他们意识到这些认识是不是科学的,启发他们用实验来探究科学的知识。

(二)尊重学生的问题

现在,不少城里的学生分不清地里的小麦和韭菜、不知道花生是长在地下还是树上、没有见过猪游泳……他们有千奇百怪的问题真是太正常了,也太宝贵了,一定要珍惜和尊重他们的问题。

我曾经和学生一起种植玉米,大多数学生的种子都发芽了,但有个学生的种子没发芽。她问自己:"我的种子为什么没发芽?"然后她做了很多的原因分析,让我帮她回答。我说:"你说得非常好,你自己再种一次,按照你分析的'是不是浇的水太多了''是不是没有放在阳光下''室内的温度是不是太低''自己的种子是不是坏了'等分别做对比的实验。"结果,她的种子终于发芽了,她很高兴。

(三)尊重学生的猜想

学生发现问题后,就会积极去猜想,这是探究的必然过程。学生猜想的角度有时候比较独特,有些是教师不能解答、不了解或没有做过实验,教师一定要坦白承认,不要怕丢人,然后跟他们一起去探究。教师要敢于示弱，学生才会主动示强。比如，学生猜想，海参吐肠子不一定是躲避天敌，有可能是环境恶化，它就把肚子里的脏东西吐出来了；还有的马上就会猜，那样海参就不是吐肠子了，是从肛门里拉肠子，就像人吃坏了肚子一样。到底是怎样的呢？教师就可以引导学生去探讨海参吐肠子的秘密。原来，海参唯一的自我保护方法就是排脏。当海参生存环境恶化，或者遇到天敌威胁时会把内脏从肛门里排出，以保护自己。学生们探究了解后，非常高兴。

（四）尊重学生的发现

我们提倡学生认真地观察，根据实验结果得出自己的结论，不要猜测教师的实验结论；在观察时，看到了什么就要说什么。科学实验是严谨的，科学实验的现象并不是要迎合教师的意思才出现的。如《热气球》一课，把塑料袋放在蜡烛上方加热里面的空气后，塑料袋就会上升。教师以为学生会简单地说实验现象是塑料袋上升了。但是，很多学生描述得非常仔细："塑料袋一开始先上升，后来就升不动了，然后有的翻转，有的从一边凹进去，最后降落下来。"这个时候教师非常高兴，抛出几个"为什么"，进一步让学生知道了"热空气轻、冷空气重"。

（五）尊重学生的结论

学生对实验结论的表述有时候并不是科学规范的，他们的表述有自己的语言风格，只要把意思说明白了就让他们说完，不要轻易打断他们，教师可以帮助他们进行科学的表述。教师要真诚尊重学生的结论，比如，观察白菜花，一般的白菜花是四瓣的，但是也有三瓣、五瓣的；测量一杯开水的温度，有时候不到100℃……这些结论都是对的。我们做实验时水在98℃左右就开了，将烧水的容器完全密闭后，让水继续烧一段时间，容器内的大气压力就会上升，然后水就在100℃左右的时候开了。其实，在不同的地方，水的沸点本来就是不一样的。

（六）尊重学生的差异

每个学生都是不一样的，让每个学生每节课都有收获是科学教师要力争做到的。只有体验到收获，学生才会有学习的持久的兴趣和动力。例如，同样做一个不倒翁，有的学生做得又好又快，有的做得就慢；同样一个实验,有些小组协调得好,非常有序地就完成了,有的则比较乱。这些都要我们教师耐心地去等待、去指导。其实,正是有了这些差别,我们的学生才是独立的、有个性的;正是有了这些差别,世界才是丰富多彩的;正是有了这些差别,我们的生活才有滋有味。

教育是一个慢过程,学生科学素养的积累也是个漫长的过程。让我们用欣赏的眼光去看那个做到第三个才有点像样的小凳子,我们也许就会收获一个爱因斯坦;让我们笑眯眯地耐心倾听问题"苹果为什么会落地?",也许我们就会收获一个牛顿;让我们赞许地看着一台制作蹩脚的水轮机,我们也许就能收获一个瓦特。我们要做的,就是全力尽心地为学生们的探究服务!

（本文系在青岛市农村小学科学骨干教师高级培训班上讲话的主要内容,收入本书时有改动。）

第9节　上好数学课的秘密

数学教师都梦想自己的课能像一根魔法棒，带给孩子们生机与活力。然而，在实际教学中，我们经常会遇到课堂上孩子们思维不活跃、积极性不高、气氛沉闷的情况。如何能让孩子们思维活跃、积极思考、主动解决问题呢？我从邱学华先生创立的尝试教育理论里慢慢悟出一点想法，那就是让孩子们大胆尝试、认真参与、亲自经历知识形成的过程，让孩子们在尝试中经历乐学、会学、省学的过程。

一、乐学是开启数学大门的钥匙

数学是思维的体操。一堂精彩的数学课一定是孩子们思维积极参与其中的，数学学习的体验是快乐的。想要不同思维层次的孩子都能够乐在其中，我们首先需要在课前摸透学情、备好学程。

（一）摸透学情是乐学的前提

要让孩子们乐学，最重要的一点就是了解孩子们，以学定教。这就要求教师要摸透学情、备好孩子们。我们首先要对孩子们原有的认知能力和学习水平有初步了解。比如，学习两位数乘一位数之前，教师需要对孩子们进行表内乘法口诀的摸底，对于没有熟练掌握表内乘法口诀的孩子，课前需要进行专项的训练，提高孩子们学习新知的能力，增加孩子们学习数学的自信心。再如，在学习圆的面积之前，教师必须了解孩子们对圆和相关概念的认知基础，为学习新知扫清障碍。许多孩子不是不愿意学数学，而是认知水平限制了其对新课的学习。数学教师一定要了解学情，帮助这部分孩子解决好这一问题。自信心上来了，孩子们就不愁了；受到表扬了，孩子们就会对新课有所期待、充满快乐。

（二）备好学程是乐学的关键

教师上课前一定要和学科组同事们集备，确定教学目标、重难点和教学策略。在集体形成比较优质的学程导学案后，每个教师自己还要仔细琢磨，再形成适合自己的个性化学程方案。教师可以把课堂引导孩子们学习的过程分为导入新课、探究新知、总结评价三个阶段，在这三个阶段中设置回学、自学、合学、省学、延学五个环节。通过备导学案，我们可以明确教学流程,明确每个环节要达到的目标,明确引导孩子们乐学的点。例如,设置回学练习题,可以让孩子们回顾旧知,运用迁移思想带动孩子们轻松学习新知;回学后展示给孩子们新课内容,出示初次尝试题,大胆让他们尝试,初步体会自主获取知识的快乐;在省学环节设置第二次尝试题,当堂检测所学知识,即时反馈孩子们的学习情况,及时解决问题,让孩子们体会学会的快乐。

二、会学是提高课堂效率的法宝

掌握科学的数学学习方法能让孩子们会学习,能提高孩子们学习数学的后劲。会学的核心是教师要引导孩子们主动质疑求解、关注思想方法、会主动经历体验。

(一)会主动质疑求解

课堂上教师要引导孩子们善于质疑、善于主动提出问题、尝试自主解决问题。新课前,教师给出数学情境,让孩子们梳理信息,提出感兴趣的问题,自主尝试解决问题。在遇到困难的时候,教师可以搭建台阶,提出一个或几个辅助性的问题,给孩子们留有思考的时间,启发诱导独立思考。例如,学习面积单位的知识,教师在引导孩子们比较两张长方形的纸哪张面积大时,先让他们自己想办法,逐步引导他们认识到要比较两个图形面积的大小,首先需要一个统一的标准,进而意识到要"发明"一个面积单位。同样的道理,在教学量角器的知识时也是从比较两个角的大小开始。如何比较呢?必须有一个相同大小的角做参照,从而引出发明量角器的必要性。

(二)会体会思想方法

培养和提高数学思维能力、了解数学思想方法是孩子们学好数学、增强兴趣的根本所在。小学段的孩子正处于数学学习由直观形象思维向抽象逻辑思维过渡的时期,教师可以在引导孩子们经历知识生成的过程中学习一些数学思想方法,比如,在认识图形的过程中,采用分类归纳的方法让孩子们体会思想方法,进行有效的学习;在认识毫米、厘米、分米、米等长度单位时,通过数形结合的方法,让孩子们测量身边物体的长度,加深对概念的理解。在认识直线、射线时,在认识大数、负数时,都要引导孩子们体会极限的思想，这样孩子们就会产生浓厚的学习兴趣。

（三）会经历亲身体验

传统教学方法注重教师的教，弱化了孩子们的学，因而导致孩子们缺乏课堂积极性，缺少亲身体验、自主学习。教师在课堂上要注意以多样化的教学方式引导孩子们进行多样化学习，促进他们更好地融入课堂，深度学习，切实提高他们数学学习的积极性。这个时候，学程中省学环节涉及的第二次尝试就显得尤其重要。在师生共同梳理完新知后，教师可以再次出示尝试题，让孩子们用多种学习方式自主完成，既巩固新知，又适度拓展，实现了主动学习。当然，数学课堂除了小组合作、团队竞赛外，还可以开展丰富多彩的数学实践活动、数学阅读活动、学科融合学习等，让孩子们觉得数学与生活密切相关。

三、省学是检验学习效果的关键

（一）及时省学，巩固新知

尝试教学理论强调要重视每节课的当堂检测。但是，刚开始教学时许多青年教师并没有重视这件事。一段时间下来，青年教师跟老教师的差距很大。后来，我跟踪听了几节青年教师的常态课，发现了这个问题。现在，我要求青年教师在每节课前先听老教师的课，重点关注老教师的当堂检测；然后青年教师上课时必须在课结束前的5至10分钟对当堂课的内容做一简单检测，对孩子们当堂学习情况有个全面了解。当然，检测题必须是大家集备研究得来的，题目由简到难，注意层次性；题量不宜太多；检测时要注意小步子、快节奏；通过同桌互批、组长反馈的形式，迅速找出错误原因并及时改错；对于错的题目或者典型题目，进行变式练习。经过一段时间的实践，教师们发现当堂检测效果非常好，孩子们也知道每节课有当堂检测的环节，课堂学习质量也提高了。

（二）及时评价，总结梳理

在一节课结束的最后环节，教师要引导孩子们对当堂课有一个形成性评价，在教学目标完成情况、孩子乐学情况、学习方法的渗透情况、学成检测统计情况等方面给自己的课堂表现或收获进行自评和互评，进行总结、梳理、反思。

　　综上所述,好的数学课必须能有效改变孩子们数学学习效率低的现状。上好数学课的重要秘诀就是要想方设法让孩子们尝试,让他们乐学、会学、学会。 教师要根据孩子们的实际情况引导他们去尝试学习,充分发挥他们的自主学习能力,帮助他们养成良好的数学学习习惯,有效提升他们的数学素养。

第 10 节　重视学生的动手操作

掌握和形成基本操作经验是数学课程标准的基本要求之一。在小学数学教学中，动手操作非常重要，操作经验的积累往往给孩子们的数学学习提供巨大的"后劲"，应该引起我们数学教师的足够重视。

一、动手操作有利于数形结合

在数与计算领域，学生的动手操作非常重要。特别是在低年级教学中，教师要充分借助小棒等易得易寻易摆的学具帮助孩子认识数、进行数的运算。例如，在一年级学习"凑十"和"破十"的过程中，一定要让孩子们人人动手摆一摆、捆一捆、拆一拆，在头脑中形成扎实而丰富的表象。再如计算 5+8 时，让孩子们摆小棒，他们的兴趣就浓厚起来了：有的用 5 根小棒和 8 根小棒合在一起，满十了捆成一个小捆，这一小捆就是 1 个十，剩下 3 根是 3 个一，两部分合起来是 13；有的会从 5 根小棒中抽出 2 根与 8 根合成 1 个十，捆成小捆，然后与剩下的合起来；也有的会从 8 里面拿出 1 个五与 5 根小棒合成 1 个十再与剩下的小棒合起来。孩子们在经历摆一摆这个过程中，他们手动、眼看、口说、脑想，多个感官参与了活动，印象深刻，算法的多样化也得到了充分的体现，算理的教学更是扎扎实实地印在了孩子们的脑海中。还有重要的一点，我们用语言表达需要若干句话，孩子们动手一操作就明白了。

有些教师嫌孩子们课堂摆小棒太费时间，不愿让他们动手，自己演示一下了事，这是不对的。孩子们动手操作费时间，那就需要教师给孩子们养成好的习惯，比如，上课前告诉孩子们文具放到哪里，摆小棒的时候提出明确的要求，指导孩子们学会动手操作，摆完后必须及时放回原处等。一开始孩子们可能不会摆、不会操作，有点乱。在教师的精心指导下，孩子们养成好的习惯后，摆的效率自然就高了。其实，我们要求孩子们摆小棒的最终目的是"为了不用摆"。一开始借助动手摆小棒，慢慢地让孩子们在大脑中想象着摆小棒，逐步达到"手中无棒，脑中有棒"。孩子们在低年级有了丰富的摆小棒的操作经验，到了中高年级学习大数时，就可以更多地借助计数器来操作和演示，进一步丰富表象、抽取数学模型了。

二、动手操作有利于图形认识

小学数学中"五线、五角、七形、四体"构成了空间与图形领域的主要学习内容。空间与图形领域的教学注重培养和发展孩子们的空间想象能力，为孩子们将来学习更高深的几何知识打下了基础。这一领域的教学，教师还要注意借助学具和教具，让孩子们充分地动手操作，积累经验。比如，《观察物体》的教学，一定要让孩子们搜寻生活中的小包装盒等做学具，在教师的指导下，经历亲自观察的过程，从各个不同的角度观察，闭上眼睛想想是个什么样子，再睁开眼睛看看实物进行对比。教师给出一个图，让孩子们用学具摆出来，然后再认真观察，看看是不是和图上的一样，从哪个角度看一样，想想换个角度会是什么样子，看一看与自己想的是不是一样。反复经历这样的操作和想象，操作结果就在孩子们的大脑中建立了表象；操作的经历越多，孩子们的空间想象能力基础就会越坚实。再如，圆锥的体积教学，如果孩子们不亲自经历计算方法的推导过程，在后面的学习中就会经常忘记"乘三分之一"。有的教师认为这些操作只要演示演示就行了，其实不然，没有操作过孩子们的印象就不深。有句话"我看过了就忘记了，我做过了就记住了"，就是这个道理。

三、动手操作有利于统计分析

统计与概率领域的动手操作也非常重要。比如，可能性的教学，我们要让孩子们在大量动手操作的基础上进行统计，获取共识，形成扎实的认识后，再去体味小概率事件的意思。"袋中三个小球，一白二黄，伸手摸出一个，摸出什么颜色的可能性大？"孩子们只有进行大量的操作统计后才能明白，摸出黄球的可能性大。但是，随便摸出一个，一定是黄球吗？一定是白球吗？怎么正确理解摸出黄球的可能性大？这些都需要教师引导孩子们多进行相关的动手操作去体验。总之，要结合动手操作，让孩子们经历一个丰富、立体的认知过程。

四、动手操作有利于问题解决

数学教学有两条线：生活线和知识线。我们要让孩子们学有用的数学，学身边的数学，让孩子们在教材中找到生活中的影子，在生活中找到教材中的例子。数学教材中许多问题解决的情境都与现实生活密切相关，这也是孩子们问题解决的兴趣所在。在问题解决领域，对于数量关系的理解是个难点。许多孩子不能够很好地读懂、理解题干，更谈不上梳理数量关系了。我们可以引导孩子们运用"解决问题的策略"里学到的方法，采取画线段图、列表等策略，也可以用摆学具等方式解决问题。例如，行程问题，可以用小车模型进行运动的直观模拟，理解相向、相背、相遇、追及等各种情况，帮助孩子们理解数量关系。再如，植树问题，让孩子们用火柴棒实际摆放一下，就能对一端栽、两端栽、两端都不栽、环形栽等不同的情况印象深刻。动手操作胜于教师千百遍的讲解。

　　总之，在小学数学教学中，孩子们亲自的动手操作是不可用教师演示替代的。该动手操作的时候、该动手操作的地方一定要让孩子们经历全过程，积累丰富的操作经验。

第2章 科研驿站

课题研究是提高教师教科研水平的最有效、最直接的途径。在课题研究的过程中发现教育规律,关注学生核心素养发展,是每一个教育工作者的责任。我喜欢从科研的角度去观察教育现象、进行研究。我先后在很多单位工作过,这里我选取了4个课题研究的案例跟大家分享。

第1～2节是我曾在即墨龙山教育办进行的教学改革实践案例,取得了比较好的效果。第1节是区域推进、均衡提升域内薄弱学校教学质量的实践;第2节是扎根课堂、改变学习方式、均衡提高课堂质量的实践。这两节给读者提供的是我真实工作过的当时还比较薄弱的区域的教育提升案例,仅为给大家一点启发。当时因为各种条件所限,教育办所辖学校有的比较薄弱。现在的龙山中心校在地方党委和政府的大力支持和教育界同仁们的努力下,无论硬件投入还是软件建设都得到了极大的改善,教育教学质量进入了即墨区的前列,可喜可贺。

第3～5节是我到青岛长江学校小学部工作后做的实践研究。第3节关于推进STEM教育的课题研究比较前沿,我主持的这个课题通过了中国教科院的立项,已取得初步的成果;第4节关于学队管理的课题已经通过即墨区教科室立项,研究的内容关注了小学生的管理评价,有一定的推广借鉴作用;第5节是我在小学部对突出核心理念、加强文化引领、打造"千帆教育"的探讨。

第1节　两级集备　双线并行
——即墨龙山教育办小学区域教研模式研究

一、问题的提出

（一）各校学科发展不均衡

即墨龙山教育办（以下简称教育办）地处城乡接合部，近几年在上级党委、政府和教育主管部门正确领导下，全体教师团结拼搏，取得了较好的成绩。但是，教育办所在区位的特点决定了各校、各学科教学发展会出现一些不均衡。在教育均衡发展要求的大背景下，我们必须从现有资源的情况出发，整合资源、调配资源，以达到最佳效果。

（二）教研模式有新机遇

即墨市教体局教研室规范各基层单位的小学集备模式，加大教学流程的规范管理，为本教研模式的提出和推广创造了良好的外部环境。

二、龙山教育办小学现状

（一）各校师生基本情况

2013年秋季，教育办下辖小学6处。6处小学共有在校生2300人左右，其中中心小学在校生820余人，葛村小学470余人，窝洛子小学和西九小学各300人左右，南开小学和团彪小学各200人左右。教师的分布为中心小学50人，葛村小学27人，西九小学24人，窝洛子小学20人，南开小学14人，团彪小学13人。中心小学现有18个班级，葛村小学12个，西九小学9个，窝洛子小学7个，南开小学和团彪小学各6个。各校的教师老龄化比较严重，加上病假等特殊情况，师资都非常紧张。

（二）各校教学硬件配备情况

教育办各校现有微机数量不足，小学教师中还达不到一人一机，多数学校教师上网条件不足。各校多媒体配备达到了一校一台，普通教室没有多媒体。

（三）各校教学教研水平情况

教育办各校教师教研力量比较薄弱。除中心小学和葛村小学外，各学校同学科教研组不足 10 人,同级部同学科教研组最多 2 人,大多数为 1 人,教研力量单薄;缺乏学科教研带头人,加上临近城区,教师流动性较大,稳定的骨干教师数量较少。

(四)各校生源情况

教育办各校生源比较薄弱,现有学生大多为当地村民的孩子,少部分为进城务工人员子女、外来务工人员子女。每年教体局确定的划片招生范围内的许多孩子都选择去城区小学上学,优质生源流失比较严重。

三、"两级集备 双线并行"小学区域教研模式介绍

从 2013 年秋季开始,教育办积极探索实施"两级集备 双线并行"小学区域教研模式,取得了较好的效果。

(一)两级集备

两级集备是教育办层面统一组织的各校教导主任集备和学校层面统一组织的学科教研组长集备。

学期初和学期中,教育办首先组织各校教导主任集备,由教导主任就上一阶段的教学教研工作进行回顾,找出优势和不足,分析问题,定出对策和下一阶段的工作重点,也就是备校情、备师情、备学情。每个学校的教导主任针对自己学校的教学特点进行梳理,大家发挥团队作战的优势,相互交流,相互启发,观点碰撞,实现共同提高、共同备课。

各校教导主任集备返校后,组织各学科教研组长进行集备。各学科教研组长针对各自学科前一阶段的工作进行梳理和总结,查缺补漏,总结经验、找到不足,确定下一阶段本学科的教学教研重点。教导主任统一协调,就各学科活动进行校级学科组集备,有计划地开展教学教研活动。

(二)双线并行

双线并行就是教育办学科中心教研组的面上教研活动和教育办各学校各年级学科组的集体教研并行运转。

一条主线,即每学期教育办组织各学科中心教研组进行大教研组活动。教育办一般要求各校在期初安排课程表时,把周一下午定为数学学科活动日(可以与即墨市德馨小学的数学活动同步,便于参加他们的活动),周三为英语,周四为语文(与即墨市长江路小学的语文和英语教研活

动可以同步），周五为综合学科。这样，当教育办的大教研组活动时，所有学校的同一学科教师可以保证全部参加活动，达到预期的活动效果。

一条辅线，即每学期教育办学科教研组长组织特定年级就某个专题进行专项研究。这个专题研究要求在点上深下去，解决这个年级、学科存在的共性问题，给出教学建议，如专题研究六年级数学复习课，专题研究三年级英语新授课，实现教学教研的问题导向、微格分析。

四、实施策略

（一）加强干部、教师培训

由于受惯性思维的影响，教师们觉得以前的区域教研模式单一，组织架构模糊，教研实效性不强，所以参与教研活动的积极性不高。"两级集备 双线并行"教研模式刚推广时，教师们也是不愿意做出改变。为解决这一问题，首先，我们召开教导主任会、各校教师专题会，就教育办提出的新的区域教研模式进行讲解，让大家了解这种模式的基本内容和操作方法，与过去零散的、无序的教研状态进行对比，让干部和教师从思想上提高认识，把新模式的优势弄清楚，从心底认同、接受这种新模式，从而自觉、主动参与这种新型的教研活动。

其次，我们要求各校给教师们创造条件，让教师们充分利用现代技术，特别是即墨市教研室构建的网上教研平台进行学习；教育办层面举办专项教师基本功比赛活动，促进教师不断提高业务素质，加强对新教育教学理念的学习，提高课堂教学水平。另外，教育办明确了两级教研网络责任人，分组建立教研群，充分利用飞信、电子邮件、QQ等工具，实现教研信息交流的即时化。

（二）加强课题研究

教育办要求每个学科中心教研组都要根据即墨市教体局教研室的工作计划和学校教学计划，每学期确定一个阶段性的微课题进行研究，解决一个具体问题，提出一个具体教学建议。例如，对于数学计算教学中"如何培养及时纠错习惯、提高计算正确率"微课题研究，学校以这个小课题的研究为引领，以学校自身的研究力量为主，充分放手让教师们用适合自己的方法去研究，力争实现点上突破、线上跟进、面上提高。

（三）发挥名师作用

教育办充分利用教师中各级教学能手的指导作用，上好示范课，走进青年教师课堂手把手指导。各学校也评选出教学成绩突出、学生作业负担轻、师德好的名师典型，总结推广他们的教学经验。教育办层面还注重实施好"五子"工程，即骨干教师给青年教师"指路子"、优秀教师与薄弱教师"结对子"、鼓励教师进修提高"补脑子"、给青年教师加任务"压担子"、给教师们搭建平台"冒尖子"。

（四）借鉴名校经验

教育办充分利用临近城区优势，加大与即墨市各实验小学的携手力度，大力实施走出去、请进来的策略，学习借鉴先进的经验提升教学教研水平。

五、本模式的优势

本模式的优势表现在如下几个方面：解决了大多数学校同年级同学科教师备课单打独斗的问题，实现了真正意义上的集体备课；迅速解决了学校间教研力量不均衡带来的教学质量的不均衡问题；实现了面对面交流、手把手互助式教研与网上教研的优势互补；营造了学习型、研究型、自主参与型的教师研修氛围，真正实现资源共享；实现了走出去与请进来相结合的开放式教研格局，开阔了教师视野。

六、存在的困惑与设想

（一）缺乏名优教师

教育办各校学科带头人比较少，而且分布不均匀，优秀的学科带头人大多集中在中心小学和葛村小学两所稍大点的学校。如何解决其他几所学校日常教研力量薄弱的问题呢？下一步可以考虑在全教育办范围内从中层干部中公开选拔学科教研组长，从骨干教师中选拔年级教研组长，确定为教育办首席教师，任期三年。教育办统一向各校提出这些人员的学科任教建议或调配到合适的学校任教，调配到外校任教的，享受支教待遇。

（二）缺乏专业教师

小学教育首先要开齐上足，然后要求上好。但是，教育办所辖学校目前的师资情况决定了一些专业性较强的学科，如音乐、美术、体育，缺乏专业教师。如何在保证开齐上足的基础上上好专业课，切实提高教育质量呢？下一步教育办可以考虑统一给所有的音体美教师安排一张大课程表，音体美专业教师按照任教课程表走教，由原任教学校和走教学校协调管理，教育办统一对教学质量进行考评。考评主要依据学生的学习情况、走教学校的评价和学生家长代表的评价。

（三）缺乏评价机制

教育办各校虽然都有自己的评价系统，但是教育办层面的评价比较薄弱，如何使对教师的综合评价达到鼓励冒尖、整体提高的效果呢？下一步可以考虑采取团队评价的办法，进行捆绑式评价，参考兄弟单位和即墨市教体局教研室的相关抽测数据进行分析比对，给予评价。

第 2 节　同位合作　组间竞赛

——即墨龙山教育办小学课堂学习模式研究

一、问题的提出

教学的改革内容很多,牵扯到教育理念、课程建设的改革,也牵扯到教学方式和学习方式的改革。教育办所辖小学都是农村学校,教师年龄偏大。我们经过听课调研发现,教师教学理念比较保守,课堂模式单一,需要对教学方式进行改革。

但是,许多教师在多年的教学实践中已经形成了自己比较稳定的习惯,他们的课堂具有很明显的个人特点。这些特点,有的受到学生的欢迎,有的得不到学生的认可;有的教师善于总结提升,有的教师思维僵化。随着时代的发展和学生全面提升素质的要求,这些教学理念的保守和教学方式的不足正或多或少地暴露出来。对教师们来说,短期内改变自己的教学习惯是比较困难的,而学生学习方式却可以在较短时间内迅速改变。

二、理念和理论的支撑

(一)古今名人学习方式改变的范例

从古至今有很多的学习方式,培养了大批人才,像孔子的因材施教、谈话讨论方式等;但也有许多人并没有教师教却自学成才,如我国古代的老子、墨子以及很多的科学家,他们并没有经过教师的系统教学;毛泽东同志通过自我选修、终身学习方式最终成为伟大的军事家、文学家等。这些学习方式使我们认识到,没有教师的教,有的学生也可以有很好的学。

(二)教育名家改变学习方式的典范

许多教育名家都在进行学习方式的变革,取得了成功,如邱学华先生的尝试教学理论、王坦先生的合作学习理论、魏书生老师的商量着学、韩兴娥老师的大语文教学。

(三)教育名校方式转变引发教学革命的典型

许多名校通过课堂教学方式的改革引发了教学革命,取得了突破性的进展,如上海建平中学"合格＋特长"的"扬长教育"、闸北八中"赏识成功教育"、北京十一学校的选课走班等都很成功,即墨 28 中的"和谐互助"教育策略经过实践也成为很有特色的学习方式。

三、我们的选择

从前面的分析中我们发现，当前初中、高中阶段学生学习方式的变革是比较热门的，也有了许多成功的范例。但是，我们结合教育办所处的区位、生源和师资条件，经过调研认为这些方式方法虽然好，但并不完全适合我们的情况。比如，合作教学、同组异质等操作起来比较麻烦；让学生分组演讲学习对于小学生难度有些大；和谐互助的方式重视同桌互助，但在组间评价和团队整体引领上尚处于探索阶段，理论构建尚需完善。

基于上面的分析，2013年秋季开始，教育办选择的区域内小学课堂教学学习模式为"同位合作　组间竞赛"，即在学习的过程中，进行星级评价，发挥同位小师友的作用，互帮互助，共同提高；小组间实行竞争，评选星级小组。星级小组的评选又与组员个人和小组长个人的评价密切相关，小组获得星级，组员人人加星；小组星级高，组长就是星级组长。

"同位合作　组间竞赛"课堂学习模式包含四个方面的意思：同位合作、同位竞赛，小组合作、小组竞赛。同位和小组之间的关系是既竞争，又合作，既是竞争的对手，又是合作的帮手。在学科教学的过程中，同位是一个学习单元，组成本学习模式的横向学习单元；同排的学生是另一个学习单元，组成本学习模式的纵向学习单元。在进行总体评价的时候，既要看不同单元之间的横向比较，对优胜者进行奖励，又要看不同单元之间的纵向比较，看自己单元的发展情况。这样，同位和小组间既有合作，又有竞争。

四、具体操作

（一）分好座位

座位的分配是很有学问的事情，直接决定着学习效果。小学阶段最好是男女生同位，性别互补，当然对于一些特殊的学生也可以同性同位。分座位时要考虑学生的学习情况，一般选择学习相对差异较大的两个学生同位。但是，并不是差异越大越好。适当的差异是互助学习的助推器，过大的差异反而会成为互助学习的绊脚石。

（二）分好小组

同位分好以后，教师就要适当调整同桌座位的左右排序，要按照相对优秀的学生每排纵向 S 形排序的原则，保证小组间的大致平衡，使纵向的学习小组基本趋于平衡，建立一个相对均衡的评价区域。

（三）做好评价

1. 评价要求

评价必须做到及时、公正、公平，特别是及时。有时候课堂生成性的资源一定要马上就评价，要是错过了学生课堂情境的兴奋点，评价就会大打折扣。

2. 评价内容

评价的内容可以结合课堂教学进程的需要、课堂教学内容的需要由教师确定。评价的内容可以很全面，也可以是专项，总之，要以服务于学生的学为主，能调动学生学习的主动性和兴趣，当然也要服务于教师的教。

3. 评价方法

对于同桌互助小师友的评价，可以从横向和纵向两个维度进行，一是看他们自己跟自己相比的进步情况，二是看他们在全班的综合评价情况。对于小组的评价，教师一定要记录准确、评价及时。一般每节课总结评价，公布结果。

4. 评价结果

小组得到星级评价的情况是组长评选优秀学生干部的重要条件之一。学生个人获星的多少是评选优秀学生的重要条件之一。教师在合适的时间及时发放喜报和奖状进行奖励，也可以由学生提出自己的心愿，教师帮助学生实现。这样从物质和精神两个层面进行的奖励更为全面，更能激发学生内在的学习动力。

同桌的互助成果要看取得的学习结果，学习结果好的要大力表扬。可以奖励星星，也可以奖励分数。同桌互助的学习成果要与小组综合的评价相互促进，相互补台。

（四）实施原则

评价要把握的最主要的三个原则是课堂教学与教育活动相结合的原则、个人评价与团队评价相结合的原则、即时性评价与阶段性评价相结合的原则。

五、成果的推广

为更好地推广"同位合作　组间竞赛"课堂学习模式，教育办分四个阶段推进。

（一）确定实验年级和学科

2013 年秋季开始，以六年级数学为实验学科，在推广中发现问题、在实践中总结经验，探索小学数学教学中该学习模式的可行性。

（二）确定实验学校

教育办选择葛村小学为实验学校，在实验学校进行整体推进的实验，主要进行学科间的协调、学校对学生整体评价的改革，初步梳理各个学科应用该模式的教学流程。

（三）做好区域内推广

在教育办辖区内所有小学推广"同位合作　组间竞赛"课堂学习模式，取得阶段性成功经验后，积极向其他友好学校进行推广，进一步梳理各学科运用该模式的成果，形成一定数量的典型课例。

（四）做好经验提升

进一步汇总研究实验数据，将实验过程和结果进行理论提升，在实践中进一步检验理论的实践价值，在总结提升中进一步推广该教学法，为提升更大范围的域内小学教育教学质量做出贡献。

第 3 节　青岛地区小学实施 STEM 教育的实践模式研究

2018 年 12 月 15 日，经过紧张的开题答辩和专家论证，我主持的"青岛地区小学实施 STEM 教育的实践模式研究"顺利通过了中国教科院"中国 STEM 教育 2029 创新行动计划"课题立项。在课题立项后近一年的时间里，我校在 STEM 教育之路上取得了前所未有的成绩。我们从对 STEM 教育的肤浅了解到深入理解，从推进 STEM 教育的实施到研究解决 STEM 本土化过程中遇到的各种问题，都积累了较为丰富的经验，为今后进一步落实 STEM 教育理念、全面开展 STEM 教育、提升学生 STEM 素养奠定了坚实的基础。

一、课题研究的进展

在课题研究之前，我们对 STEM 教育在美国等发达国家的实施情况及在我国本土化推进的过程中遇到的一些问题进行了较为全面的分析。然后，课题组向我校 1200 多名学生及其家长以及在校任教的 90 多名教师发放了三类调查问卷，了解学生、家长和教师在科学、技术、数学、工程各个领域的素养现状及其对 STEM 教育的认识等。

通过对调查问卷进行统计分析，我们获得了一系列相关数据，摸清了我校开展 STEM 教育的优势资源、主要困难和重点方向，更加明晰了我们的研究路径和方法。针对我校的现状，为了践行 STEM 教育跨学科融合的理念、实现 STEM 教育的本土化、全面发展学生的科技素养，我们提出了这样三个问题：第一，如何将 STEM 理念与基础学科整合，以使 STEM 教育渗透在日常学习中，使全体学生能够受益；第二，如何有效地利用地区资源，结合地区资源优势，形成本地区行之有效又富有特色的 STEM 教育；第三，如何形成有效的 STEM 教育模式，提升 STEM 教育的效果，实现全方位的 STEM 教育，真正地实现 STEM 教育的本土化。我们从学校、家庭、社会三结合的大教育观出发，提出了整合学校、社会、家庭资源，全面推进 STEM 教育的思路。具体工作从整合 STEM 教育理念的学科教学、以 STEM 教育为内容的社团课程和项目小组、以 STEM 教育为主题的学生活动、STEM 主题下的游学研修、以 STEM 教育家庭工作坊为依托的家庭 STEM 教育这五个层面同步实施，全面推进 STEM 教育在我校的落地。一年多来，我校把最初分散的科学、信息技术、综合实践活动教学整合为有机的 STEM 教育体系，不仅学生获益其中，教师们也在实践 STEM 教育的过程中成长、进步了。我校的 STEM 教育研究取得了阶段性成果。

（一）整合学校资源方面

1. 建设学生 STEM 活动中心

（1）打造学生 STEM 教育室内活动中心

2019 年春天，我校董事会特批 100 万元专项资金，把乐学楼一层所有教室进行重新装修，打造学生 STEM 教育室内活动中心。我们建设了 6 个全新的 STEM 专用教室，由专人负责管理，包括 1 个机器人专用教室、1 个趣味编程专用教室、1 个人工智能专用教室、1 个手工制作教室、1 个 3D 打印教室、1 个综合 STEM 活动室。6 个教室拨专项资金购入相关活动所需的设备设施。我们还把学校原有的 2 个综合实践活动室、3 个科技教室、1 个科学实验室、3 个计算机教室、130 余台电脑、6 台新式 3D 打印机、15 套 Lego 机器人、4 套 LegoEv3 高端机器人、40 套 MBot 机器人、20 套程小奔机器人、20 套神经元套装等都划归学生 STEM 教育室内活动中心统一使用，为学生开展 STEM 教育提供了充足的活动空间和物资设备。我们在已有设备设施的基础上，适时更新设备设施，以满足课堂教学和项目小组活动的需要。

（2）开辟 STEM 室外活动中心

我校 54% 的学生来自农村。为给学生提供熟悉、喜欢的实践环境，让学生将 STEM 理念用于农业领域，2019 年春天，我们打造了花卉种植教室，又在校园面积紧张的情况下开辟了占地近 800 平方米的千帆农场；投入专项资金购入了相关的设备设施、劳动工具、种子种苗、花卉花器等，让学生们研究农业工具、农作物种植、高效农业、农业经济等。经过一年的实践，千帆农场从最初的荒地变成了学生们的实验田。学生们将收获的油菜、茼蒿、苔菜、茄子、辣椒、玉米等农作物通过千帆菜市场销售给学校教师及家长们，不仅享受了收获的喜悦，还提升了继续研究、实践的信心。

此外，我们将操场、学校餐厅列为我校大型 STEM 活动场地，不定期在此开展 STEM 相关学生活动，如学生 STEM 成果展示、科技节。这些场地与千帆农场一起构成了学生 STEM 室外活动中心。

2. 建设学校 STEM 研究中心

（1）成立 STEM 课题研究组

2019 年春天，我校将全面推进 STEM 教育补充进我校发展建设的五年规划，同时将 STEM 课题研究纳入学校整体工作规划，并根据研究计划制订学期相关的工作计划。针对 STEM 课题研究这一重点项目，我校在原有教科室统筹推进各项课题研究的基础上，专门成立了 STEM 研究中心，全面统筹 STEM 课题研究在我校各个层面的推进工作。我们又通过公开招募，吸纳了 8 名学术研究能力强、学术研究态度严谨、有专业背景的干部及教师，组成 STEM 专项课题组。课题组定期召开会议，拟定课题研究方案，交流课题研究进展，及时调整、跟进、总结课题成果。每一次课题组会议上，成员们激烈的思想碰撞都成为我们在 STEM 研究之路上的宝贵财富。

（2）建设 STEM 教育学习中心

为加强师生学习，我校拨出专项资金，采购了一大批 STEM 教育领域的专业书籍，在学校多媒体教室、图书馆设立了"STEM 教育学习中心"。学习中心向全体教师和学生开放，为大家提供大量科学、技术、工程、数学相关书籍，供参考查阅。我们鼓励课题组教师加强学习，积极开发 STEM 课程，同时鼓励其他教师积极参与。我们根据教师量化积分方案，为承担 STEM 课题相关工作的教师增加量化积分，对于在 STEM 课题研究和推进工作中做出突出贡献者，在期末评优工作中予以奖励。

（3）加强理论学习

我校与上海 STEM 云中心、青岛教科院、青岛市少年科学院等专业机构保持密切联系，经常参加他们举行的讲座，邀请专家到校讲学，充分发挥专业引领的作用。2019 年 1 月，我校邀请了青岛市 STEM 教育专家陆德旭老师到校举办讲座，为全体教师普及 STEM 教育理念。2019 年 2 月底，课题组对全校教师进行了 STEM 教育培训，进一步加深了教师们对 STEM 教育的理解，也阐述了我校 STEM 教育研究的实施方案。2019 年 4 月，我校正式加盟由青岛市教育局主办、青岛市少年科学院和青大附中承办的"劳动改变生活，科技创造未来——奇点论坛"。

从我们最初接触 STEM 至今，我校一直非常重视 STEM 教育的学习机会，多次外派骨干教师参加 STEM 相关会议、培训、联盟校活动，加深相关教师对 STEM 教育的理解和对先进经验的学习。我们也主动联络青岛市 STEM 教育比较先进的学校，组织课题组教师前往参观学习 STEM 项目。

3. 开展整合 STEM 教育理念的学科教学研究

（1）学科教学研究

我们要求所有学科教师开展融合 STEM 教育理念的课堂教学研究。在实践过程中，随着对 STEM 教育认识的加深，我们意识到，STEM 教育不是数学、科学、技术和工程形式上的简单叠加，而是基于一个具体项目，综合运用四个乃至多个领域的知识，实现自己创意的融合，其本质首先是理念上的融合。基于此，我们进一步提出"以 STEM 教育为核心开展小学综合实践活动"的实施策略。我们在综合实践活动、信息技术、科学、数学、美术等多门与 STEM 密切相关的学科教学中整合 STEM 教育内容，取得了很好的效果。2019 年 3 月，我校举行了"STEM 理念下的第六届千帆杯教师基本功比赛"，各学科教师争相在课堂教学中实践 STEM 教育理念，尝试融合 STEM 教育内容。比如，体育教师在双节棍教学中吸纳了 STEM 教育的理念，引导学生研究双节棍的选材、制作、装饰以及练习、表演。学生不仅仅学到了体育知识，也培养了实践能力、审美情趣。再如，数学教师带领学生研究七巧板。学生们自己制作七巧板，从设计、制图开始，到运用刻刀加工、打磨、着色，最后自行设计竞赛方案等，实践能力和创新能力得到了发展，受益颇多。

（2）引进校外课程

我校从 2015 年起与台湾元智大学合作，引进了力翰科学课程。随着 STEM 教育影响力的扩大，力翰科学逐渐从单纯的科学课转向 STEM 课程的研究。每学期初我校 STEM 课题组与力翰科学教学团队都商定一个 STEM 研究主题，让学生每周都能兴致勃勃地投入力翰科学 STEM 课程活动中，如长征水火箭系列课程、绿色动力课程、机器人课程，学生们成果丰富，收获很大。

我校还与美国布鲁蒙特学校、英国克里夫顿学校结成姊妹校，与北京深蓝机器人中心、能力风暴等多家教育培训机构加强合作,引入相关STEM 课程。2019 年 4 月,在千帆农场揭幕之际,我们专门邀请了青岛市无人机教育中心的教师到校为学生们展示了植保无人机的应用,学生们借此机会学习了智慧农场的相关知识。布鲁蒙特学校摩根校长还亲自为学生们上了一节 STEM 课。

4. 开展学生 STEM 主题活动

（1）举行全校范围的 STEM 主题活动

课题组在每学期初设计一系列 STEM 主题活动,结合家庭 STEM 工作坊,组织全校学生开展各种主题活动及比赛。2019 年 3 月初,我校举行了"拥抱春天——我和小苗同成长"活动,全校学生每人种一株植物,并进行科学观察和养护。学生在亲自种植养护过程中,体验到了书本中无法获得的美好感受。3 月 18 日至 22 日,我校举行了以"拥抱春天——放飞梦想"为主题的全校学生纸飞机比赛,设立了设计创意、滞空时间、掷远距离三个大项。纸飞机比赛掀起了学生学习、制作、实验放飞的热情。4 月初,我们举行了以"拥抱春天——筝舞蓝天"为主题的风筝节,让全校学生亲手制作并放飞风筝。5 月份,我们举行了第三届科技节,先进的机器人、无人机、VR 等设备让学生们大开眼界。暑假中,我们布置全校师生每人自己做一套哥德堡装置,9 月初开学后,举行了全校哥德堡装置大赛。学生的设计作品精彩纷呈,又一次地刷新了我们对学生创造力的认知。

（2）开设以 STEM 教育为内容的社团活动及项目小组活动

我们依托 STEM 项目活动小组、相关社团活动,为部分学生提供深层次研究和提升的平台,培养学生的 STEM 素养。目前,我校已开设的相关社团包括机器人社团、3D 打印社团、编程社团、无人机社团等,利用周五下午社团时间开展活动。我们还成立了 4 个项目小组,配备了专门的教师,每个小组选拔了 12 个学生开展活动。项目小组的组建根据教师的研究方向和学生的兴趣进行双向选择,师生利用每天下午活动课时间在专用教室开展活动。

（二）整合社会资源方面

1. 研学旅行

（1）在研学基地定期开展研学旅行

研究之初,我们对青岛地区的 STEM 教育资源进行了较为全面的分析。结合青岛市教育局"十个一"项目行动计划中提出的"一次研学",我们举行了以 STEM 教育为主题的游学研修,充分利用本地区适合 STEM 教育的社会资源。课题组设计游学项目,让学生分批次到科研院所、工程场地、高科技产业园等地参观、学习,亲自调查访问,亲自参与模拟或真实的实验,获得 STEM 教育的丰富体验。2019 年 4 月,我校四年级全体学生参观了青岛市太阳能光伏小镇,六年级全体学生参观了中国海洋大学及青岛贝林自然博物馆,五年级全体学生参加了即墨区小学生温泉实践基地实训,一至三年级的全体学生参观了青岛音乐谷。随后,我校与青岛贝林自然博物馆、青岛音乐谷、青岛市太阳能光伏小镇等签约,众多的场馆成了我校的签约研学基地。

（2）利用展会等资源,不定期开展研学活动

青岛地区的展会资源丰富。每年的国际海洋科技展览会我们都要组织学生去参观、学习。2019 年 9 月,我们又一次组织学生参观了第四届青岛国际海洋科技展览会。学生们借此机会了解了海洋工程技术与设备、海事技术与装备、海洋渔业技术与装备、海水综合利用等方面的知识,加深了对海洋科技的认识。

2019 年 10 月下旬,我校引进了航天科普校园行公益活动,孩子们零距离观察、体验了先进的航空航天技术。

2. 基地实践

我校周边有很多企业。我们积极跟他们对接,在这些企业中建立 STEM 教育实践基地。我校先后与青岛通力电器厂、即墨老酒厂建立了友好关系,为学生建设"工厂实验室",带领学生进车间、实验室,参观流水线,亲自动手体验等,让学生了解现代化企业。

（三）整合家庭资源方面

1. 成立家庭 STEM 工作坊

课题研究伊始,我们还向家长宣传 STEM 教育的重要性,成立了青岛长江学校小学部家庭 STEM 工作坊。学校为每个家庭颁发了工作坊标识,争取家长支持,在家庭的一个角落或儿童房给孩子配备一些简单的器材、工具,建成一个简易工作坊。我们鼓励家长参与指导孩子结合家庭实

际,在家庭环境中开展合适的 STEM 项目研究。课题组教师利用暑假、寒假和其他假期定期为各年级学生提供项目参考和技术指导,同时鼓励学生自己通过认真观察,发现生活中需要解决的实际问题,主动动手实践研究。在我校 2019 年秋季学期举行的哥德堡装置比赛中,家庭 STEM 工作坊成果显著,很多学生的作品设计美观、富有创意。家庭 STEM 工作坊的创立得到了家长们的一致好评。

2. 成立家长 STEM 义工志愿队

通过课题研究之初的调查问卷,我们掌握了学校、家庭 STEM 教育资源。学校向有资源优势的家长发出邀请,组建家长义工志愿队,使其加入我校的 STEM 教育中来。家长义工志愿队为我校学生提供了更多的实践机会,也充实了学校的 STEM 师资力量。一位五年级家长正好开办机器人培训机构,她多次为我们提供专业的参赛设备及教师培训,为我校 STEM 教育的开展做出了很大的贡献。

二、主要阶段性成果

(一)实践成果

1. 师生喜欢参加 STEM 活动

对比课题研究之前发给师生、家长的调查问卷的数据,我们发现全体教师对 STEM 教育都有了比较深刻的理解,大多数教师尝试在课堂上引入 STEM 教育理念,实现跨学科整合。学生参加各项活动的意愿和在活动中的动手能力明显提升,参加校级科技类活动和比赛的学生达 100%。家长对孩子在科技素养方面的培养比以前有了更加强烈的需求,亲子关系得到进一步改善。

2. 师生在 STEM 活动中获奖

随着 STEM 项目小组活动的开展和 STEM 教育在全体学生中的推行,我校师生在各级各类科创比赛中屡屡获奖。2019 年 5 月,在青岛市第 4 届中小学创客大赛中,我校学生参加的创意比赛、哥德堡装置比赛分别获得 3 个一等奖、2 个二等奖、3 个三等奖。2019 年 5 月,在第 3 届全国小学生创造大赛 AI 地球分项赛决赛中,我校参赛的 3 名学生斩获银奖。2019 年 6 月,在即墨区中小学航空模型比赛中,我校荣获"优秀组织单位"称号，2位指导教师被评为"优秀指导教师"，参赛的17名学生分别在小学组"轻骑士"橡筋动力滑翔机、小学组"飞行客"电动纸飞机、小学组"飞鲨"纸飞机分项赛中荣获7个一等奖、6个二等奖和4个三等奖。2019年7月，在山东省MakeX机器人挑战赛中，我校2名参赛学生均获得一等奖。各级各类比赛给学生提供了展示自我的平台，学生在STEM的舞台上信心倍增，对探索科学、动手实践的兴趣不断增强。

（二）理论成果

1. 课题方案更加完善

经过一年多的深入研究和实践，我校STEM课题组对STEM的理解有了一定程度的进步，也更加透彻，课题组研究能力大幅提升。针对问卷中调查对象提出的主要问题，我们在课题的推进过程中进行了专题研究，课题组的研究方案也在这个过程中逐步完善。

2. 取得一定的研究成果

在STEM教育理念下，各学科教师开展教学研究，倡导学科整合，体现STEM教育理念。王梅梅老师整合STEM教育理念的一节语文课在青岛市中小学教师优质课比赛中获得二等奖。梁婧扬老师开发的融合动手实践的低年级英语课程被评为青岛市精品课程。我本人撰写的论文发表在《中小学校长》杂志上。在中国教科院"中国STEM教育2029创新行动计划"资源征集中，我们提报了论文《小学推进STEM教育本土化进程的策略探讨》、推进案例《整合教育资源，推进STEM教育的本土化进程》，并提报了课例和创客空间建设案例，得到了好评。

（三）创新成果

1. 初步提出开展STEM教育的"三结合推进模式"

"三结合推进模式"即推进"以STEM教育为核心开展小学综合实践活动"，让STEM教育有课时、进课堂，实现课上与课下相结合；推进STEM教育学科化综合实践活动与STEM教育综合实践活动的学科化相结合；推进STEM教育走进学校、家庭、社会，走进学生的日常生活，实现校内与校外相结合。

"三结合推进模式"最终实现了STEM教育的全时空性和开放性。

2. 初步提出推进 STEM 教育的"四面五线活动模式"

"四面五线活动模式"即充分利用学校、家庭和社会资源，对学生进行全方位的 STEM 教育，唤起学生 STEM 学习的内省和自觉性，实现学校、家庭、社会和自我四个方面的合力推进，为学生终身学习奠定基础；沿着学科教学、社团项目、主题活动、研学旅行、家庭工作坊五条线推进，给不同学习能力的学生提供全覆盖的学习机会，扎实推进 STEM 教育的开展。

"四面五线活动模式"最终实现了 STEM 教育的扎实、高质量开展。

3. 初步提出 STEM 教育的"2+1 课堂模块化学习模式"

在该模式中，"2"即"开题"和"展示"这两个模块，也就是 STEM 学习的开始阶段和汇报阶段。学生个人或小组有了基于问题的 STEM 项目，教师组织大家一起，讨论他们的活动计划，帮助其丰富完善；项目完成后，给学生一定的展示平台，让其收获成功的喜悦、分享研究的成果，给其他同学以启发。

"1"即"交流指导"模块。STEM 教育既要充分尊重和提倡学生的自主活动，也要借助师生的指导和互助。在项目进行的过程中，教师要组织学生一起研讨、修改、交流，提出改进的策略，使他们高质量地完成项目。这个模块可以是 1 次，也可以是数次。

"2+1 课堂模块化学习模式"最终实现了 STEM 教育的全程性、科学性开展。

三、存在的问题及下一步实施方案

（一）专业教师队伍不足

专业教师队伍的建设仍然是我校实施 STEM 教育中遇到的最大问题。尽管教师们都有学习、践行 STEM 理念的意愿，但在学科教学中整合 STEM 教育理念和 STEM 教育内容的水平仍然有限。针对这一问题，我们积极参加各种会议、培训，选派教师外出学习，着力培养专业、稳定的 STEM 教师队伍，逐步扩大 STEM 教育理念对全校教师的影响。

（二）缺乏理论指导

课题组对 STEM 教育研究的专业性有限。课题实施以来，除了各种短期参会、培训，缺乏有深度、专业、高水平的理论指导，需要高水平的专家支持。

另外，我们虽然提出了 STEM 教育的"三结合推进模式""四面五线活动模式""2+1 课堂模块化学习模式"，但我们对这样的提法是否合适没有把握，特别是觉得这三个模式的提出缺乏足够的理论支撑，希望专家给予指点。

下一步学校将加大力度邀请 STEM 教育专家对我校的工作进行指导，也希望能够与友好学校有更多的互动交流。

四、可预期成果

STEM 教育在我校实施以来，各项工作均有序开展，在理论研究和实践探索中逐步走向正轨。我们将继续从学校、社会、家庭三个层面推进学生 STEM 素养的培养，促进学生 STEM 学习的自主性，最终实现学校、家庭、社会和自我的 STEM 学习四结合。我们将继续有效地整合、利用各种优势地区资源，全面推进 STEM 教育的研究。随着研究过程的推进，我们的研究思路逐步明晰。根据课题研究规划，我校将在课题结题前形成较为完备的适合青岛地区小学实施 STEM 教育的实践模式，进一步梳理和提升"三结合推进模式""四面五线活动模式""2+1 课堂模块化学习模式"，并完成结题阶段的论文和研究报告。

第 4 节　以学队管理推进小学生综合评价研究

2018 年 5 月 16 日,经过青岛教科院孙泓老师、即墨区教体局教科室李建辉主任等专家的认真论证和指导,我主持的"以学队管理推进小学生综合评价的研究"课题正式启动。

课题研究之前,我们做了大量的收集资料、分析校情和学情工作,初步提出了"学队管理"的综合评价模式,确定了学队管理、点赞评价的思路,从生活习惯、学习习惯等各个方面对学生的发展进行综合多元的评价。学校首先进行顶层设计,将全校所有的班级都划分为四个学队,划分的过程由班主任组织学生以民主的方式进行,学队之间的竞赛调动了整个班级内部的竞争氛围,同级部不同班级之间形成了级部内部竞争。在学队竞赛的形式下,学校鼓励学生参与课堂活动,养成良好习惯,成为课堂和生活的主人。学校设立点赞卡,作为学生评价的实物呈现形式;点赞卡的数量在一定程度上成为激励学生积极向上的重要量化指标。学校每学期举行点赞大集的活动,点赞卡可以兑换其他物品,使学生得到的奖励实物化,有深刻的获得感,提升点赞卡的实用价值。按照课题研究计划,我们主要做好了如下工作。

一、全员培训

我们对学校的全体工作人员进行了学队改革和点赞卡发放规则的培训,就学队的划分、评价方式、点赞卡的方法及流通,向全体教职工、宿舍管理员、保洁员做了详细的说明,提出了明确的要求。

(一)学队划分

根据班级座次的大致情况,每个班级由班主任指导学生自主将所有学生分为四个学队,根据人数每个学队可以划分为两至四人一组的小组。在座次的安排上,强调组间同质、组内异质的方式,均衡各个小组的综合实力,便于课堂讨论环节的高效实施。每个学队由一名学队长、两名小组长以及若干成员组成。教室黑板留出固定位置展示各个学队的得分情况。每个学队还可以根据成员的意见,为学队确定名称及学队文化。

（二）点赞积分

1. 课堂表现和作业评价

在课堂活动中，教师设计的个体自学、同桌助学、小组研学、学队合学等形式，都可以纳入学队评价的范围，给小组所在学队加相应的点赞积分。各科教师均利用学队加分的形式对学生的课堂表现、作业情况进行加分。

2. 生活习惯和学习习惯

根据我校学生寄宿的实际情况，我们把学生在校一日流程做了梳理，对从早晨起床、洗漱到晚上熄灯睡觉等涉及生活、学习、健体、就餐等板块的47项细节进行评价，提出了奖则（即时奖励）和借则（违规借分，获奖后抵扣）的策略，促进学生自我管理和相互管理。

（三）点赞奖励

点赞奖励主要是奖励给学生点赞卡。根据学生喜欢集卡的年龄特点，学校统一印制了点赞卡，学期初统一预先发放给班主任、任课教师。在班主任的组织下，值班学队长对各个学队的分数每日一算，每周一清。每日优胜学队每人可以领到一张"1赞卡"，每周优胜的学队每人可以领到一张"2赞卡"。在每周的学校评价中，卫生优秀班级、纪律优秀班级、文明餐桌都可以得到点赞卡；学生参加学校的活动，积极展示自己出彩的一面，可以获得点赞卡；学生参加各级各类比赛获奖，也可以获得点赞卡。学生手中点赞卡数量的多少在一定程度上体现着他们在这一段时间内各方面的表现情况。

（四）点赞大集

学校的学队管理和点赞评价要让学生有获得感。于是，我们开设了商学课程，设立点赞大集，每学期举行一次。学校本着"您的节余，我的需要"理念，以点赞卡流通交易、换取物品的方式，推广循环经济、生态环保的思想。学生可以把家中闲置的图书、文化用品、手工制作、书画作品、玩具、个人收藏等拿到点赞大集，其他同学用点赞卡交换，从而培养学生节约资源、爱心捐献、收获点赞的意识和良好的行为习惯。我们还开设了点赞银行，开发了点赞理财产品，鼓励学生学会理财。

二、具体操作

（一）实验阶段

通过培训，绝大多数教师对学队管理、点赞评价的模式高度认同。教师们普遍认为，点赞卡一定会强化学生的学习动机，会给更多的学生提供展现自己的机会。全校开启了学队管理、点赞评价的实验阶段。班主任们在各班的班会上组织学生了解学队改革的具体措施及点赞卡的发放规则，各个班级开始划分学队，成立小组，竞选学队长，竞选小组长……部分班级为了更加有效地提升小组成员之间的协作，还开展了小组分层培训，将组间同质的学生集中到一起进行培训，使学生更加明确了各自在小组中的任务。

（二）正式实施

实验阶段结束后进入正式实施阶段。教师和学生逐步熟悉了学队管理模式和点赞评价流程，良好的教育效果开始显现。以学队为单位进行捆绑式评价，在很大程度上克服了传统课堂管理模式个体评价、气氛沉闷的弊端。点赞卡考量学生在日常学习和生活中的方方面面，学生综合表现的评价显而易见。我们举行了第一届点赞大集，完成了课题实施的全流程后，全校师生对学队管理、点赞评价有了比较完整、全面、理性的认识。

（三）深化推进

为树标立杆，我们开展了金帆少年评选活动。学校每学期进行金帆少年的评选，金帆少年直接命名为三好学生，同时把金帆少年积分与每学年的奖学金发放挂钩。金帆少年的积分包括学习成绩、体育成绩等可量化的内容和生活习惯、学习习惯、美育素养等等级评价的内容，点赞积分是必需的重要参考项。这样对学生的评价就有效实现了多元化、即时化。金帆少年不是终身制，也不搞重复制。金帆少年每学年都要重新评定，各个班级不重复推荐，只有量化积分最靠前或提升幅度最大、得到大家一致认可的学生才能获得"金帆少年"的称号。评选结果揭晓后，学校隆重颁奖，颁发金帆少年胸牌。金帆少年的设立促使学生开始认真考量自己的全面发展状况，彻底打碎了学习好就一俊遮百丑的传统认识。

三、初步效果

经过一年的尝试和实践，我校学队管理、点赞评价的模式取得了阶段性的进展。通过课堂观察发现，学队竞赛的模式在很大程度上提高了学生学习的积极性和参与课堂活动的意愿。与未采取学队竞赛时相比，课堂气氛明显更加活跃。学生在班级生活中的日常表现，如纪律、卫生、为班级服务，都有所改善。我们还组织班主任对部分家长进行了访谈，了解到学生对待家庭作业的态度、离校后的学习行为以及在家庭生活中的状况等都发生了可喜的巨大转变。

每学期末，我们都向家长和学生发放调查问卷，并随机抽取 6 个班级作为样本进行数据分析。在针对家长的调查问卷中，除了学队管理，我们还调查了家长对点赞大集的评价和意见。几乎所有家长都非常赞同点赞大集，理由主要集中在三个方面：一是有利于培养学生的理财意识，二是有利于培养学生的独立性，三是有利于丰富学生的课余生活。在针对学生的调查问卷中，我们主要对学生担任学生干部的情况及对点赞卡、点赞大集的认可度进行了调查。经过一年的实施，每个班级大约有 81.82% 的学生担任过班干部，98.96% 的学生非常喜欢点赞卡，100% 的学生拥有数量不等的点赞卡。

四、课题延伸

（一）商学课程

我们从课程建设的高度认识学队管理和点赞评价，着手建设商学课程。在研究实施初期，我校只印制了 1 赞卡、2 赞卡两种价格的点赞卡，到2019 年春季学期初，根据学生手中点赞卡的数量，我们又印制了 10 赞卡、20 赞卡，并成立了点赞银行。我们的点赞银行设置了"理财产品"，学生可以将手中剩余的点赞卡存到点赞银行，下学期举行点赞大集时取出，并获得相应的收益。点赞大集的受欢迎程度非常高，学生们非常喜欢。学生在班主任的帮助下，准备商品、购买、讨价还价、销售，在各个环节中，体验着真实交易的乐趣。点赞大集成了我校独特的风景，也是学生们每学期最期待的节日之一。

（二）学程导学

学队管理和点赞评价有效提高了学生热爱学校、热爱学习的积极性。在学校"尝试出彩"核心理念的引领下，我们借力学队管理，大力推进课堂改革，提出了学程导学的思路。学程导学主要指教师将备课改为备教，将以教师为主导的教程改为以学生尝试为主的学程。各学科积极探索学程导学，在课堂教学中逐步明晰了"三段五环"学程模式，还课堂于学生，让学生经历新知形成的过程。

五、存在的不足及下一步努力的方向

（一）优质师资不稳

我校教龄超过 4 年的骨干教师数量太少；年轻教师考取事业编的人数比较多，教师的流动性较大。课题实施过程中缺少高水平教师的引领。

（二）下一步工作重点

1. 深化课题研究

以学队管理和点赞评价为抓手，深化小学生多元综合评价改革，扎实推进课题研究，提高学校特色发展水平。

2. 聚焦课堂改革

以培养提高学生核心素养为目标，促进学生全面发展；在班级中深化实行学队改革；加强"三段五环"学程模式推广，聚焦课堂教学，推进国家课程的校本化落实。

3. 确保师资队伍

提高和落实教师福利待遇，积极探索给优质教师办理事业编养老保险，改革绩效工资和奖励性工资发放办法，争取让优质教师引得进、留得住、教得好。

第5节　打造"千帆教育"文化品牌的实践研究

2015年8月，我担任青岛长江学校小学部负责人后，梳理了建校以来管理、教学方面的工作，跟学校干部、教师一起研讨，按照传承优秀、大胆创新的原则，确定了文化立校、特色发展的思路，提出了"尝试出彩"的核心理念，打造"千帆教育"的文化品牌。

一、"千帆教育"文化品牌的提出

（一）传承创新

青岛长江学校2009年初中部建校后，提出了"润泽"长江教育文化，经过4年发展创出了自己的品牌，成为即墨区域内名校。在社会的要求下，经过即墨市教体局的批准，2013年青岛长江教育集团成立了小学部。我们提出了小学部文化要依托已形成品牌的"润泽"长江教育文化，所以提出"扬帆长江"的思路；又因为我们确定学校的发展规模为师生一共1000人左右，所以确定小学部的文化品牌为"千帆教育"。我们引入"尝试教育"的思想，确立我们的核心理念是"尝试出彩"。

（二）品牌内涵

"尝试出彩"理念的核心包涵以下内容：学生能尝试，尝试能成功，成功能创新，创新能出彩；倡导学生主动发展。

"千帆教育"文化的核心包涵以下内容：千人千帆，帆帆不同；千帆千面，面面精彩；倡导学生个性发展。

我们提出"尝试出彩""千帆教育"，就是要突出从主动发展和个性发展两方面给学生搭建尝试的舞台、出彩的舞台，就是要发掘学生的潜力，让差异成为财富，让不同成为精彩。

二、理论支撑

（一）习近平总书记关于教育的重要论述

（二）邱学华先生的"尝试教育"理论、郭思乐先生的生市教育理论等

三、实践过程

（一）着力德育实践，落实千帆德育

立德树人是学校教育教学工作的首要任务。学校即社会，教育即生活。几年来，我们重视学生的德育，突出实践性、尝试化，突出养成教育和感恩教育，让每一名学生践行社会主义核心价值观，人人成为有德有才之"帆"。

1. 抓好养成教育

我们重视抓好一日常规，落实好习惯养成教育：每学期开学即启动好习惯养成月，从不同方面要求学生们养成好习惯。例如，生活习惯，从学生早晨起床开始，如何整理床铺、叠被子，如何洗漱、跑早操等，每一个在校的生活细节都做出具体要求，一个细节一个细节去指导，一个细节一个细节去训练；班主任要一个学生一个学生认真教，逐个孩子过关，然后小组评选，班级达标，级部评比，定期举行叠被子比赛、"光盘行动"，每周评选尝试出彩星级宿舍、餐桌、教室、课桌、书柜、储物柜等。再如，学习习惯，如何执笔、如何听课、如何做课前准备等，都进行细致指导，强化训练，加强检查和督促。

2. 突出主题教育

我们强调实践的德育，注重德育的活动化和主题化。全年每个月都设立丰富多彩的主题活动，德育处提前做好计划，规划好活动内容。如每年的 3 月和 9 月份，我们组织学生去敬老院和老人一起联欢，同时做好学雷锋、尊师等主题活动；每年的三八妇女节、母亲节和父亲节为爸爸妈妈做一件事等；每年的清明节举行"缅怀革命先烈，传承民族精神"主题活动。为了让学生感恩大自然，每年 4 月份我们举行"我和小树有个约定"活动，每个学生在校园内认领一棵小树，给小树挂上自己的名牌，写上和小树的约定。在这些主题活动中，学生学会感恩、助人为乐，学会热爱生活、热爱自然，体味到生命的珍贵。

（二）着力教学质量，打造"千帆课程"

学校文化品牌决定了内涵发展和特色突破的方向，教师的教研能力决定了课堂生态和学生发展水平，校本课程的开发决定了教师视野和学

生生长的质量。

1. 改革教研模式

几年来，我们调整教研的时间和模式，每周每学科固定教研时间，确定教研内容，明确教研模式。一般情况下，语文、数学、英语等学科教研安排在下午时间；模式一般为上一节观摩课、围绕观摩课评课研讨；研讨的内容围绕转变学习方式和学程改革。语文、数学均可以分为低中年级组和高年级组两个大组分别举行活动。而音乐、体育、美术、科学、道德与法治、信息技术和综合学科则充分利用教师们第一、第二节空堂的时间举行教研活动。这样安排的结果是既不耽误学科教学，也不打乱正常的教学秩序，教师们可以集中时段学习教研。

为让学生在课堂上大胆发言、畅所欲言，让教师们在课堂上尽情演绎、放开手脚，我们规定每次教研上课都充分用好小礼堂和多媒体教室，锻炼学生、锻炼教师。我们要求每次教研活动都在真实的课堂培养真实的学生，解决真实的问题，而不是为了教研而教研。

2. 打造"千帆课堂"

我们要求教师必须有意识地把课堂还给学生，让学生主动发展，体现尝试出彩的核心理念；让学生个性发展，体现"千帆教育"的文化品牌。几年来，我们加大课堂教学改革力度，主要采取了四个策略，即学队竞赛、点赞评价、学程导学、关注素养。

（1）学队竞赛

我们围绕学队改革，着力转变学生学习方式，采取先试后学、同桌合作、学队竞赛等方式，让学生主动学习、合作学习、探究学习，让学生站在课堂中央。课堂的提问、自学、合学等都以学队为单位进行评价、比赛，每节课结束的时候进行总结，评出优秀学队。学生在赛中学，在学中赛，互为师友，激发了学习的热情，提高了学习的效率。

（2）点赞评价

点赞评价主要就是对学队竞赛的点赞积分。我们把学队竞赛评价分为四个层次的单元，即个人、同桌、小组、学队，每一个单元都代表整个学队，获得的点赞积分都记到学队名下。我们更多提倡的是同桌和小组这两个单元的合作，尽量减少师生一对一的交流。

（3）学程导学

我们要求教师要自觉落实尝试出彩的教学理念,变教师的为教而备课为基于学生的学而备学,也就是变教程为学程。我们探讨和实施了"三段五环"的学程模式。三段,即导入新课、探究新知、总结评价;五环,即回学、自学、合学、省学、延学。该模式确定了课堂教学的基本流程和每一个环节的具体要求。我们通过培训教师,培训学生,组织教师上示范课、参加基本功比赛等,迅速推广,成效显著。在历次期末考试中,学生的优秀率和及格率均有明显提升。

（4）关注素养

我们在各学科中提出具体内容要求,切实提高学生的学科核心素养。例如,语文课抓好学生听说读写的基本素养,数学课重视尝试,科学课重视探究,英语课重视演讲。我们还举行主题活动推动学科素养的提升,如抓好读书活动,做好读书节总结及书香家庭、小书虫评选等活动;抓好书法教学,拨专项资金购买了胡一帆书法教学视频,每天中午用 15 分钟练习书法,切实提高学生书法水平。

3. 构建"千帆课程"

几年来,我们对学校诗化、艺术、多元、游学四大类校本课程进行梳理,结合国家课程和地方课程,建立适合我校特点的"千帆课程"体系。

（1）诗化课程

我们重视传统文化教育,引入山东师范大学基础教育集团的国学诵读校本课程,每天下午开设 35 分钟国学诵读课程。我们在升旗仪式上增加"每周一诗"诵背活动,每个学生每学年可以诵背 40 余首诗。每年 9月 28 日,我们举行新生入学礼暨孔子诞辰周年纪念活动,所有新生以向孔子雕像行古礼及经典诵读等形式,表达对先贤的敬意。

（2）艺术课程

我们重视上好艺术课、社团课、非遗课,开设快速记忆、大鼓书等实验班,开好机器人、3D 打印、陶艺等多门特色课。

（3）多元课程

我们与美国精英教育联盟合作,开设国际班,在所有的班级开设外教课;与台湾元智大学合作,开设力翰科学课。我们开发商学课程,开设点赞银行,发放点赞卡,每学期举办点赞大集。

（4）游学课程

我们每学期组织学生走出学校游学,鼓励家长利用假日带孩子一起游学,组织学生走进敬老院、军营、企业等。

我们正在实施的还有以学程导学为依托的国家课程的校本化、师本化实施方案,进行课程改革,逐步打造我校完善的、高质量的课程体系。

（三）推进美育提升,助力千帆品牌

美育会陶冶学生的情操,爱美的学生更懂得欣赏生活。我们重视学生美育素养的提升,重视学生强体亮眼,美育助力千帆品牌扩大了影响力。

1. 加强千帆课间

我们调整了大课间时间,把大课间延长到了 40 分钟;大课间让学生们跳绳、拍球、做形体操、做高抬腿等,真正实现了在阳光下、在蓝天下、到操场上痛痛快快地锻炼身体的目的。即墨市体育中心把我校大课间作为典型上报青岛市和山东省参加比赛,均获得一等奖;2016 年 4 月份又在我校召开"体育课德育纲要实施专题培训会",组织全市 100 余名各级各类学校体育教研组组长、骨干教师和分管领导观摩我校的大课间。

我们重视学生的体质提高工作,课堂上体育教师专业指导,课间班主任精心组织,"三操"持之以恒;每年举办体育节,召开春季田径运动会、秋季趣味运动会。这些措施增强了学生的体质,我校在 2016 年即墨市小学生体质检测中成绩突出,获得了全市第一名,并在青岛市抽测中在即墨市所有参赛学校中获得了最好成绩。

我们非常重视学生的身心健康,专门招聘 3 名心理教师,开设心理健康教育课,开设心理咨询室;与校外专业机构合作,开设视力康复室,让眼睛低度近视的学生经过一个阶段的免费物理治疗很快康复。

2. 建好千帆社团

我们重视社团建设,周五下午的社团活动让学生们学个痛快。我们从学生的需求出发,充分利用教师资源和社区资源,师生双自主选择。我们突出了社团主题,每学期设置不同的主题,如春季社团以"年的味道"为主题,让学生们从春节元素中寻找艺术灵感;秋季社团以"童年的记

忆"为主题,留住童年的快乐。每期社团都精心开展各项活动、排练节目、收集作品、期末展演。

由于重视了学生们的美育素养提升,重视了音乐、美术、体育等课程的开齐上足,学生们全面发展,特长突出。在 2015 年的艺术节中,我校器乐、课本剧等两个大项获得一等奖,其他均获得二等奖;学生有八人次在即墨市书法、绘画等比赛中获得一等奖。2016 年,我们代表即墨市迎接了青岛市全国义务教育阶段教学质量抽测,成绩优秀。在即墨市首届诗歌节中,我校原创节目《放飞梦想》获得一致好评;在即墨市知识产权大赛中,我校陈飞老师的作品获奖,有多位师生的作品在《即墨教育》《墨河诗刊》等报刊上发表。

3. 用好千帆舞台

我们把学校小礼堂打造成千帆舞台,给学生搭建展示特长、增强自信、发展才艺的平台。每学期的艺术节展演、读书节展示、经典诵读、校园好声音等成了学生们的最爱。2016 年的校园好声音等多个比赛的简讯发表在即墨教育网上。2016 年 1 月 17 日,张晓燕老师排练的舞蹈《鼓妞》经过山东卫视少儿频道前期审核后,顺利赴济南参加了少儿春晚的录制,并于大年初一在山东卫视播放,受到好评。

(四)加强队伍建设,夯实千帆之基

1. 锤炼学生队伍

我们落实尝试出彩的核心理念,提出学生自我管理的具体要求。几年来,学校大力推进扁平化学队制改革管理,给每个学生当班干部的机会,给每个学队自我管理的机会。每个班级分成四个学队,每个学队选出自己的学队干部、建设自己的学队文化、进行自己的学队管理。为配合学队管理,学校组织专人设计了点赞卡,建立了一整套点赞评价制度,包括每一节课的点赞积分、每一天和每一周的点赞总结发卡等。点赞积分发卡制度有效地激发了学生们的自主管理、主动发展热情。我们又推行了每学期的金帆少年评选,把金帆少年积分与每学年的奖学金发放挂钩。金帆少年的积分包括学习成绩、体质检测成绩等可量化的内容和生活习惯、学习习惯、美育素养等等级评价的内容。我们还在每学期期中后举办点赞大集,让学生的点赞卡在大集内流通,让学生有获得感。这样对学生的评价就有效实现了多元化、即时化。

学队管理有效锤炼了一支小干部队伍，提高了学生们自我管理的意识和效率，转变了师生之间管理的矛盾主体，取得了明显的效果，受到了学生的喜欢，也得到家长们的认可。

2. 锤炼教师队伍

（1）加强师德建设

几年来，学校非常注重师德建设，提出"2+2+2"师德教育长效机制，确保师德教育实效。第一个"2"即充分利用每个双周的千帆印记、千帆讲坛。我们每个双周简报中都有千帆印记栏目，在千帆印记里都是两周以来各个处室教师的感人事迹汇总，表扬身边的人和事，给教师们树立身边的榜样。每个双周全体教师会第一项内容就是先举办千帆讲坛，由主讲教师讲自己的教育故事、业务心得，给教师们搭建展示的舞台。第二个"2"即每年的3月和9月定为师德活动月。在师德活动月中主要举行三项活动，一是师德演讲比赛，讲自己的故事、同事的故事，树立典型；二是撰写师德案例、评选师德先进，在学生和家长中开展"我喜欢的老师"评选活动；三是举行以立足岗位、提高师能为主题的教学基本功比赛，给取得一等奖的教师隆重颁奖。第三个"2"即两次集中学习，每年的寒暑假第一次教师集中返校学习的第一天举行师德专题报告会、教师心理专题辅导、教育法律法规学习等，引导教师依法执教。2017年3月，我们举行了"甘守三尺讲台，争做四有老师"演讲比赛，有6位教师获奖；4月，刘琳琳老师代表我校参加即墨市2017年"立德树人，成就未来"教职工师德演讲比赛，获得一等奖。

"2+2+2"师德建设策略取得了很好的效果，全体教师立德树人、为人师表意识显著增强，得到了家长的赞扬和社会的肯定。

（2）加强教师培训

我们坚持集中培训与分散培训相结合的办法，落实青蓝工程，给每个青年教师配备一个师傅；落实"五课"制度，为每个教师做好职业发展规划；严格教学流程管理，给每个教师规范的过程指导。

我们采取请进来走出去战略，每学期都邀请局属学校的骨干教师到校送教，邀请教研员听课评课、做专题讲座；举行全国四大流派语文、数学名师课堂教学展示,承办青岛市小学开放课堂活动,承接即墨市小学综合实践、体育、音乐等学科专题会议;选派大量的教师多批次去潍坊、青岛的局属学校学习。

3. 锤炼干部队伍

（1）打铁先要自身硬

几年来,我们提出硬性要求,学校干部必须身先士卒,发挥教师榜样的作用,所有的干部都要奋战在教育教学第一线,所有中层以上干部都要担任语文、数学、英语等主要学科或本专业学科教学,周课时量都不低于6课时,教学成绩必须位于本级部本学科前列;干部要做业务行家里手、教学专家,能讲能导,每学期走进课堂听课不得低于20节次。实际上,大多数干部都超额完成了这些目标,干部的率先垂范起到了很好的示范效应和激励效应。

（2）勇于创新争一流

每个双周例会都是我们的干部培训会,会上每个干部要把上个双周的工作进行梳理,做得好的地方总结,不好或没有做到的进行剖析;对下个双周的工作进行精心布置。每个双周都要进行干部培训,强调加强学习,勇于创新,敢于负责;强调规范管理、细化流程、争先创优;强调积极沟通、加强团结、形成合力。

4. 锤炼家长队伍

现代学校治理中家长队伍是关键的因素之一,为此我们非常重视家长队伍的建设,重视用好三结合网络的合力,把家长请上助力学生发展的列车。

（1）抓好家长学校和家委会建设

我们与中国卓越父母国际研究院合作,每学期都举行家长专题讲座,培训家教常识,讲解家教方法,提高家教技巧,落实家教故事征文等活动;引导家长重视家庭教育,认识到"家长好好学习,孩子天天向上"的必然联系,家长们受益很大。

我们重视家委会工作,每学年都要改选、补充家委会,成立了班级、级部、学校三级共由91名家长组成的家委会,选出7名常委,进一步落实家委会成员驻校办公制度,创新家长开放日、家长开放周活动,组织家长义工参与学校教育教学工作。

（2）抓好校委会的建设和工作

我们成立了由家长代表、社区代表、教师代表、学生代表等组成的九人校委会，专门设立办公室；家委会推选家长代表参与校委会工作，与社区代表、师生代表等一起听取学校工作汇报，审议学校发展的重大事项与学校计划；设立了校长信箱，开通了学校微信公众号，开设学校网站，开展百名教师访千家等活动。

这些措施使学校的工作更加科学、规范、透明，得到了家长的支持和社会的好评。在每年的群众满意度调查中，我校成绩稳居全市民办小学的前列。

（五）抓好基础工作，助力千帆飞扬

1. 重视安全教育，关注生命成长

安全重于泰山，学校非常重视安全工作。每学期学生返校前，学校组成专门小组对学校教育教学设施进行全面的安全检查；学生开学后，所有的班主任上好安全第一课，第一天就上好安全班会，启动安全教育月相关活动，办好安全教育的相关板报等；开学第一件事就是落实缺勤追因，统计全校每个班级每个学生的返校情况，落实每个未及时返校学生的情况，加强特殊学生安全管理，确保每一名学生安全返校。学校全力打造安全校园，建设安全教育长廊，进行路队安全、就餐安全、宿舍安全、校车安全、消防安全、防溺水等专题教育，加强学校周边环境整治，推进校园"三防"建设，确保不出安全事故；开好班主任安全专题会，强调安全教育平台的使用和管理，做好相关工作；抓好安全教育平台、安全教育网络建设；加强餐厅饮食安全检查，召开餐厅相关人员会议，落实食品安全。

2. 重视美誉宣传，提高品牌影响

学校采取各种方式加强宣传，提高学校的美誉度。我们建设学校网站、微信公众号、家长QQ群、微信群、飞信群等，利用好广播、电视、千帆校报、各种平面媒体向社会各界宣传学校工作的亮点，提高学校美誉度，提高群众满意度，提高"千帆教育"文化品牌的影响力。

3. 重视幼小衔接、初小衔接，关注一贯成长

我们重视幼小衔接、初小衔接的研究，每年都要召开幼小衔接教研

会,邀请幼儿园小朋友到校参观学习。我们让一年级教师给小朋友们上课,让很快就要到小学就读的小朋友们了解小学生活。每年我们都要举行六年级各学科教研组和初一教研组的小初衔接研讨会,探讨小学高年级与初中教学的衔接。我们重视学生九年一贯制培养的理念和实践得到学生和家长的赞同。

四、存在的主要问题及下一步努力的方向

(一)存在的主要问题

1. 优质师资不稳

我校教龄超过 4 年的骨干教师数量太少;年轻教师考事业编的数量较多,教师的流动性较大。

2. 特色彰显不够

虽然我们提出了"尝试出彩"的核心理念和"千帆教育"的文化品牌,但文化影响力和学校特色均彰显不够。在实施和推进的过程中,我们认为还需要经历师生认同、内化行动、创新发展、形成自觉、凸显特色五个阶段。

(二)下一步的重点工作

1. 落实五年规划,抓好特色发展

我们将强化"尝试出彩"的核心理念,打造"千帆教育"的文化品牌,以多元综合评价改革为抓手,加强校本课程开发,扎实推进课题研究,提高学校特色发展水平。

2. 以培养提高学生核心素养为目标,促进学生全面发展

我们要继续深入推进扁平化管理,在班级中实行学队制改革;要加强课程改革,聚焦课堂教学,推进国家课程的校本化落实;要加强学生心理健康教育,充实心理咨询室,培育阳光少年。

3. 提高和落实教师福利待遇,稳定教师队伍

我们要积极探讨给优秀的教师办理事业编养老保险,改革绩效工资和奖励性工资发放办法,争取让优秀的教师引得进、留得住、教得好。

当代儿童文学作家秦文君说："校园是扇门，推开她，满是阳光和鲜花，她能给孩子带来自信、快乐。"我非常喜欢这句话，把这句话写在学校最显眼的一面大墙上，让这句话面朝东方、立于花丛。墙前的花坛里鲜花盛开，小鹿雕塑活泼可爱。我希望孩子们每个周一都像小鹿一样蹦蹦跳跳地回到校园，高高兴兴地融入老师和同学们中间，迎接丰富多彩、绚烂快乐的新生活。

第 3 章　教育杂感

　　我经常有机会去参观名校、参加教研会，经常听著名专家学者的讲座，经常参加校长培训班。在这个过程中，名校经验和专家观点经常会引起我的共鸣，许多案例让我心潮澎湃。他山之石，可以攻玉。我坚持从学习到实践，从实践到创新，引领孩子们推开这扇藏满了理想、鲜花和光明的门。

第1节　草木皆有育人情　亭榭均含桃李香

——南京金陵中学仙林分校校园文化考察手记

2014年11月10日，我参观了南京金陵中学仙林分校。学校坐落在桂山的怀抱中，依山而建，别有风格。我进入校门，保安敬礼，领导握手，顿感温暖；拾级而上，目不暇接：正对大门处，石雕、草坪，左右楼上悬挂着两条横幅，分别写着"博识、开拓、创新，走进儿童世界，生命因尊重而美丽""明理、至善、笃行，培养世界儿童，教育因幸福而精彩"。

我徜徉在美丽的校园里，听着讲解，一种敬意油然而生：多么先进的理念、多么朴实的校长、多么用心的教育、多么优秀的学生！学校的管理理念体现在每一个细微之处，让我们一起来品味几个细节。

一、以"爱"导行

林慧敏校长今年59岁，已经在教育战线上奋斗了34年。打眼一看，她是个普通得不能再普通的小老太太：不高的身材，朴素的打扮，穿着运动鞋，脸上洋溢着热情。林校长带领我们"周游"整个校园。校园里的一草一木、一石一水仿佛都装在她的心中，她是整个校园的总设计师，是整个学校最有学问的"导游"。然而，她却把讲解的机会几乎全部交给了孩子们。在学校每一处"景点"前，都有两个孩子戴着"导游证"，一个是师傅，负责解说，一个是徒弟，负责学习和服务。小导游们是那么自豪，那么自信，向每一位"客人老师"问好，然后热情地讲解。对每一个孩子的表现，林校长都非常慈爱地进行点评，她几乎能叫上所有孩子的姓名。她发现有个小"徒弟"的鞋带没有系好，请大姐姐"师傅"帮忙系好；她发现有个小导游忘记了解说景区里的"二十四节气"景点，就善意地提醒她再讲讲；她对一个小导游说要注意保护嗓子："我那里有金嗓子喉宝，有时间去我那里拿一点。"她见到操场上的工作人员就亲切地挥手打招呼；她见到每一位教师都热情而自然地微笑点头；她对每一位客人的细小动作都非常关注……从她的身上你能感受到长者的慈爱，感受到智者的思考。

林校长带我们看一株百年银杏树。她说，在这棵树移栽后不久，一窝喜鹊就到树顶安家了。为了保护喜鹊，也为了让孩子们了解喜鹊的一家，学校就在楼顶专门架设了一个摄像头，为喜鹊一家留下全天候的影像资料,然后播放给孩子们看。可想而知,孩子们是何等欣喜和震撼！谁还会好意思打扰喜鹊的一家呢？谁还会对保护树木和小鸟不尽力呢？不知不觉间,那种博大的爱就早早植根于孩子们的内心深处了。

二、以"石"传神

学校主楼前有一座"石抱树",下有一段文字:"树,据石而生;石,抱树而立。石在坚硬中蕴含温柔,树在柔软中彰显力量。惊呼自然,神工鬼斧;叹于生命,自强不息。"小导游介绍说,这是学校的精神,寓意学子们奋力争取,学业有成。在东楼大厅有一块"仙麟石",上有一段文字:"四美之首,美好太平;飞落至此,敬曰仙林;立足栖霞,笃学敏行;胸怀世界,把梦追寻。"在学校大门的东侧有一块巨大的安徽灵璧石。在学校中还有随处可见的石刻,也处处点出学校育人之神笔,如"桃李不言""韵""爱"。这些石刻,处处凸显着这所园林式学校的灵魂,如点睛般在学校精妙的地方闪现。

三、以"字"厚文

学校对书法艺术非常推崇,校园里随处可见名家题词。

学校有非常漂亮的大门,有两个校名:一个是赵朴初先生题写的"金陵中学仙林分校"竖幅,赫然刻于大楼外墙上,遒劲有力,古朴沧桑;一个是"南京大学仙林实验学校",为江苏籍著名书法家高二适所书,书颜大气,金色盈目。

学校专门设立一处碑林,陈列着从古至今众多的书法家书法艺术的仿真碑刻,既有王羲之、黄庭坚、米芾、柳公权、欧阳询等古代书法大家,也有令金陵人为之自豪的林散之、高二适等近现代江苏籍书法名家。

学校所有的厅堂建筑都有书法大家的题字、楹联,不乏名句,如在方堂:"三尺讲台传古传今传道德,一支粉笔绘天绘地绘乾坤",如在闻雨亭:"拥林千顷眼底苍浪方悟种德若种树,存书万卷笔下瀚海才知做文即做人"。

学校的"览胜园"尚未完工,已经约到一位全国著名的书法家题写园名,现在是从王羲之字帖里挑选了园名的三个字先做了上去。他们的工作真是细腻。

高端的书法作品使得整个校园的文化内涵一下子丰厚起来，加上古香古色的徽派建筑特色，让人不由得感觉到学校文化积淀的深厚。

四、以"园"育人

学校把核心的育人理念纳入四"园"，即"诚""真""勤""仁"四个主题园，以诚为本、唯真是求、勤勉执着、以仁为怀。每一个主题园都分别把"诚""真""勤""仁"四个字的多种写法雕刻于瓷砖镶嵌在地面上，每个园都有以这四个字为主题的古今中外的小故事。例如，"诚"园有"曾子杀猪""韩信报恩""跑在最后的士兵""华盛顿砍樱桃树"。在"勤"园，我们看到了一块块平整的菜畦，有的还种有萝卜等蔬菜；我们还看到了茶苑……这些园平时是孩子们活动的场所，孩子们于耳濡目染、潜移默化中感悟着"诚""真""勤""仁"，将其内化到自己的心底，外显于自己的言行。我们所到之处，均可见孩子们真诚的笑脸，处处能听到"客人老师好"的热情问候。

五、以"亭"怡情

学校设有"方堂""琢玉亭""木香亭""逸少苑"等亭榭。"半亩方塘一鉴开，天光云影共徘徊。问渠那得清如许？为有源头活水来。"朱老夫子的一首诗包含着多少的美景和哲理，在这里，我们似乎都感觉到了这种美妙。"琢玉亭"上"学无先后今日好，志有因果明日得"的警句令人沉思。"逸少苑"是陶行知先生在古圣寺办学期间的住所，是一幢普通的砖瓦房，体现了陶先生艰苦朴素的生活作风和无私奉献的教育精神。历史在这里连接，文化在这里闪光，我们游历其中，一时竟忘记了这里是学校还是园林。

六、以"古"叹古

学校还有陶瓷博览馆、"古长城"、千年金桂等。陶瓷博览馆里琳琅满目的展品均为真品、珍品，竟全是一位爱好收藏的家长借来展览的，其孩子便是首任"馆长"，而给我们做介绍的是"馆长"二年级的小徒弟。当我们问及镇馆之宝时，小徒弟激动地给我们讲解起来。我们随着他的介绍不禁对古陶瓷也产生了浓厚的兴趣。在"古长城"里，我们见到了货真价实的明长城城砖,还见到了孩子们自己建立的关于古长城的网站。千年金桂也是林校长千方百计寻来的,移植在校园中,已经开了两次花,是真正的"金桂王",历经了千年的风雨,饱含了金陵的历史。

七、以"新"创新

在"攀爬树""五环牌""回音台""三维画"处,我们不禁惊叹于学校的创新和以生为本。现在有些孩子体质很差,体育活动参加得少,学校把跳方格、秋游等传统游戏和活动都开发出来,让孩子们增强体质。学校特意设计并制作了"攀爬树",孩子们可以安全地爬"树"健体;学校在操场上设立了"五环牌",宣传各种传统游戏,倡导孩子们强身健体。在操场一侧,学校还设计了一个特殊的合唱台。在合唱台的中央,设立了一个画有太极图的圆形石板,站在石上轻声说话,顿感音量放大,响彻耳际。当林校长故作神秘地介绍时,我们都会心一笑:当孩子们来到这块石头上一站的时候,他们最想知道的肯定也是其中的秘密。好奇、求新,不正是我们要带给孩子们的珍贵礼物吗?

八、以"书"致远

学校非常重视学生良好读书习惯的养成,图书架随处可见,写有古诗文的转筒很多,上面的诗文都是中英双语的。在教室、在走廊、在大厅、在寝室,无处不见书,到处都有关于读书的名言警句。我发现在一处走廊的图书漂流角有这样的友情提示:"你可以——在此阅读、把书带走、以书换书、捐书上架。"你看,把图书漂流角这件事做到这样细致,真的能使人感受到"最是书香能致远"的温馨了。在智慧泉里,排列着许多名著书本的模型,侧面都有书名。你只要轻轻触动书本,智慧泉便会自动喷洒出清新的泉水,仿佛是对你爱书的礼赞。在智慧泉的旁边,有一行大字:"走近母语",更是随时提示着我们应该走进书籍,探寻中华文化之源,汲取无穷无尽的营养。

九、放眼世界

林校长非常重视走进儿童世界,培养世界儿童。在她的理念里,孩子们不仅要胸怀金陵,更要放眼世界。在东大厅里,我们看到有一组"名胜牌"，介绍南京许多著名的景点，如中山陵、夫子庙；在大厅北侧的墙上有一组大型浮雕，浮雕的内容非常丰富，有古今中外著名的建筑、人物、文学作品中的形象等，令人仿佛穿越时空，走向深远；在大厅顶上，悬挂着世界各国的国旗，还有南京青奥会的一些标志等。这些无一不在引导着孩子们要立足家乡和祖国，放眼世界和未来。正好有一个班的孩子下课从我们身边走过，我看到有许多外国小朋友可爱的脸庞，原来这是国际班的孩子。我想起了操场上的两组旗杆。林校长介绍说，本来北侧的一组是升旗用的，后来发现孩子们面向北的时候只有很少的孩子能看到升旗的全景，所以就改为在西侧增加一组旗杆，这样更多的孩子可以看到升旗的全景。北侧的旗杆保留着，等外国友好学校到来时升挂对方的国旗用——这就是林校长，一个具有国际视野的小学校长，我们不得不佩服老太太的眼光和魄力。

漫步在校园里，到处都能见到林校长精心的设计，到处都能见到学校育人的用心。"梨园风华""植物长廊""智慧彩虹"……一个个景点令人目不暇接，流连忘返。

这是个刚建校三年的年轻的学校，但是给你的感觉却像是一所有着丰厚底蕴的百年老校。徜徉其中，每个人都会由衷地想：在这里学习的孩子真幸福，在这里工作的员工真开心！

第 2 节　对学校德育课程一体化的认识和思考

党的十八大提出把"立德树人"作为教育的根本任务,上级教育部门和各级各类学校都把德育作为学校的首要工作抓紧和落实。但是,学校德育作用于小学生身上总感觉雷声大雨点小,甚至在有些学生身上出现了"两面人"、教育效果"两张皮"现象。如何突破新时代学校德育工作的瓶颈成为教育工作者必须面对的课题。近期,我参加即墨区教体局组织的德育课程一体化考察学习,先后赴宁波和绍兴参观了数所名校,听了专家和校长的数场报告,对德育课程一体化有了新的认识和思考。

一、当前学校德育工作的发展

(一)学校德育的"三段"

我认为学校德育工作经历了德育、德育一体化、德育课程一体化三个重要的阶段。

21 世纪之前,学校工作"德育为首,五育并举"。从这个口号中可以知道德育确实是放在了一个"首要"的位置,但仍然是五育"并举"。在应试教育的强力影响下,学校德育工作在很多时候处于说起来"重要"、做起来"次要"、忙起来"不要"的尴尬境地。当然,有很多学校德育工作做得非常好,但也有一些学校的德育工作没有抓手、空洞说教,有的学生成了"成熟的小大人"。

进入新世纪,特别是新一轮课程改革以来,"三维"目标的提出使大家的认识有了新的发展,许多专家提出了"德育一体化"的概念,包括德育心理一体化、社会家庭学校三位一体等等。大家认为,德育工作不应是孤军奋战,应该纳入学生一体化发展的轨道,是培养全面发展的高素质人才的重要内容。课堂教学中生本教育、愉快教育等很多教育思想更是注重回应了学生主体发展、个性化发展的需求,强调了尊重生命、尊重规律。这个时期,学校德育工作有了更多的抓手、更全面的内涵,德育工作风生水起,成绩斐然。但也有个别的学校在学生的三观教育等方面落实不够,有的学生成了"精致的利己主义者"。

最近一段时间,社会主义核心价值观、中国学生"核心素养""立德树人"根本任务的提出,让我们对学校德育有了更丰富的认知,专家学者们提出了德育课程一体化或立体化德育等概念。2016年4月，山东省教育厅发布《山东省中小学德育课程一体化实施指导纲要》，提出德育课程一体化，强调了德育课程、学科课程、传统文化课程和实践课程四位一体，协同发力。这个纲要给学校德育工作以更明确的抓手、更具体的路径，从一个全新的角度突出了德育的重要性，突出了可操作性。

（二）学校德育的"四全"

学校工作是"德育为首、教学中心、安全第一"，我们经常困惑于学校工作到底哪方面更重要。其实从不同的侧面看，这些工作都重要。学校工作就是一个整体，一个大的系统，每一项都是精密机器的一个关键齿轮，缺了谁都不行。德育工作更是要做到"四全"：全员育人、全程育人、全环境育人、全学科育人。

我想重点谈谈全员育人。有的教师说，全员育人就是学校所有的人员都要担负育人的任务。这话我们说了很多年，但在新时代我认为对全员育人要增加新的认识。全员，不仅仅是指教职员工，也包括学生。育人，不仅仅育学生，也要育教师。也就是说，所有学生既是育人的客体，也应成为育人的主体；所有的教师既是育人的主体，也应成为育人的客体。教师中的优者，自然应成为全校师生共同学习的榜样；学生中的优者，也应成为全校师生共同学习的榜样。学生是教师的影子，特别是小学段，学生的向师性非常强。只有这样相互学习、借鉴提高，德育认知的一致性与实效性才会更强。

二、学校德育课程一体化的实施

（一）要有清晰的育人导向

新时代，我们对学校德育工作要有全新的认识。立德树人，首先要清楚立什么德，树什么人，这是个大是大非的原则性问题。我们必须要把握好育人导向，切实让小学生"系好人生的第一粒纽扣"。

1. 落实社会主义核心价值观教育

社会主义核心价值观是新时代德育工作的主线，全校师生都应自觉加强学习和实践。对学生的教育应从微观抓起，从一件件具体的小事抓起，从身边的人和事做起，切实落实24字要求。例如，爱国，就要先爱校、爱家;诚信,就要说到做到。

2. 挖掘传统文化中的优秀育人元素

优秀传统文化中有很多经典的德育素材,我们要结合时代要求,突出时代特色,取其精华,古为今用。例如,从《游子吟》中体味感恩父母,从"路漫漫其修远兮,吾将上下而求索"中受到励志教育;也可以从世界优秀经典文化中精选素材、洋为中用,如通过《巴黎圣母院》知道什么才是真的美,从《老人与海》中知道什么是坚毅和拼搏。我们要让学生在人类文明的历史长河中获得滋养,明辨是非,饱含感恩,勇于进取。

3. 服务学生核心素养与关键能力

德育不是虚的,不是孤立的,要结合核心素养和关键能力的培养开展,让德育融入学生发展的点点滴滴。我们首先要把学生看成一个个具有独立性的人,从人发展的角度去理解和实施德育。要正确认识起跑线,要清醒认识德智体美劳等各个方面素养的起跑线在哪里,要追求全面起跑,而不是单纯哪一方面的一骑绝尘。对于家长和教师来说,要尊重学生、善于发现学生的优点和长处,既要守望,更要呵护,既要静待花开,更要默默耕耘。

(二)要有明确的实施路径

学校德育最忌空喊口号。我们要让德育与生活相联系、与实践相结合,实现德育课程一体化。

1. 要创建有特色的课程体系

学校德育工作必须通过独具特色的课程体系来落实。例如,绍兴元培中学的"一二六"系统育人,"一"是一本校本课程教材《国学与美德》,"二"是德育新途径,包括德育判断、思考、践行的流程和三个年级十八个分层德育目标,"六"是好习惯培养月、评选元培小名人等六大德育载体。再如,绍兴柯桥轻纺城小学的"红育课程",他们以红色教育为特色,结合习近平总书记的回信激励,开设了红色网游等课程,培养孩子有底蕴、会审美、敢担当、扬特长。每一所名校都以自己的特色课程体系为支撑,实现德育课程一体化。

2. 要把零碎的活动织成网络

学校德育要善于连点成线、接线成网,把零碎的活动纳入一体化的德育网络进行架构。例如，绍兴长城中学的"德育微课"、养成教育冠军赛，绍兴鲁迅外国语学校的"适性求真""鲁外星势力"系列展示，都把一个个的活动放在成系列、同主题的德育网格中来开展，使每一项活动都植根于学校德育课程一体化的网络中。

3. 德育更多的是渗透与润泽

润物无声是德育的特点。如果学生意识到自己受到"教育"，那恰是教育的失败。真正的心灵震撼是不用讲道理的内心自悟，是一种唤醒，是一种碰撞。例如，绍兴塔山小学废除班干部、设立志愿者，让同学们自愿为大家服务，从服务中获得德育体验。再如，国旗下成长系列活动，以班级为单位，每三年到升旗台展示一次自己班级的亮点，他们收获的不仅仅是强烈的仪式感，不仅仅是"我们一起嗨"，更收获了团队的精神、合作的意识、以班级为荣的自豪、在国旗下展示的骄傲，等等，这正是无声的润泽。

新时代如何更好地落实德育是一个新的课题，德育课程一体化给我们提供了全新的视角和路径。但是，德育课程一体化不是个筐，什么都可以往里装；它也不是学校所有工作的一个大杂烩。我们要关注学生全面发展，从培养合格社会主义建设者和接班人的高度，认认真真抓好学校德育工作，落实立德树人的根本任务。

第 3 节　给学生更多的空间

——参加山东省小学数学教学研讨会有感

2013 年 10 月 14 日至 17 日,我在泰安参加了山东省小学数学教学研讨会,收获颇多,不吐不快,与各位分享。

一、观摩了精彩的课堂教学

本次会议共展示了 13 节课。这些课都是各地优秀骨干教师的精彩之作。教师们精湛的课堂教学艺术、高超的课堂调控能力让我们欣羡不已。这些课中,《小数乘整数》《商中间有 0 的除法》等计算教学重视了数形结合,突出了算理教学;《长方形和正方形的认识》《方程的意义》《认识正负数》等概念教学重视了学生活动操作,突出了方法指导;《三角形的面积》《折线统计图》等重视了知识之间的内在联系,引领学生经历知识形成的过程。可以说,每节课都有精彩的节点,每位教师都有过人之处。

二、享受了精彩的学术报告

我在本次会议上还听了曹培英老师的学术报告。曹老师报告的题目是《数学课程标准解读——"十个核心词"的实践研究》。曹老师的发言深入浅出、旁征博引、观点新颖,深深吸引着每一个听众。他在引言中从数学教育历史发展的角度强调了我们应该"跨越断层,走出误区"。断层,即教育理念、教育实践的断层;误区,即我们在数学教学层面的认识偏差和实践偏差。他的报告内容主要有两点。

（一）回顾了从"双基"到"四基"的发展

双基,即指基础知识和基本技能,四基则是在双基的基础上增加了基本思想方法和基本活动经验。曹老师认为,从双基到四基的发展,意味着我国数学教育的良好传统得到肯定。前一阶段中,许多专家学者对双基的认识存在着争论。有的认为双基过于强调知识和技能,淡化了学生创新意识的发展;有的认为双基训练扎实到位,恰是我国基础教育的优势。从双基到四基的发展,也意味着回归结果与过程并重的理念,是对那种"但求曾经拥有,不求天长地久"偏见的一记重锤,是新课标最大的改变之一。

（二）回顾了从"六个核心词"到"十个核心词"的变化

曹老师对数学教育核心词的发展演变进行了如下解析。

1. 小学算术（清朝末年）：熟悉日用计算（即运算和应用）——两个核心词；

2. 小学数学（1978年）：计算能力、初步的逻辑思维能力、空间观念、解决简单的实际问题——四个核心词；

3. 义务教育数学（2001年）：数感、符号感、空间观念、统计观念、应用意识、推理活动——六个核心词；

4. 新课标数学（2011年）：数感、符号感、空间观念、几何直观、数据分析观念、运算能力、推理能力、模型思想、应用意识、创新意识——十个核心词。

接下来，曹老师对新课标十个核心词的实践研究做了深入分析。比如数感，曹老师认为数感就是对数的感觉和理解，如同球员的球感、歌手的乐感。他举例说明了数感与量感的区别，强调读数也可以读出数感。他认为数感可以在数概念教学中培养，可以在计算教学中发展，也可以在解决实际问题中激活。数感是最朴素的数学素养，可以数出来、读出来、算出来、估出来、用出来。他对"估出来"进行了解释，认为会算了以后再估，就是用数感在估，解决了长期困惑我们的"先估还是后估"的问题。曹老师还分享了对符号意识、几何直观等核心词的实践研究，我们收获很大。

三、聆听了精彩的大会总结

会议最后环节，山东省教科院教研室徐云鸿老师亲自做了精彩的总结。徐老师的发言主要包括以下内容。

（一）怎样为学生提供足够的思考空间

徐老师点评了13节课中引发教师们思考的一些环节，谈了自己的观点。徐老师要求大家反思自己的课堂：所有的问题必须由教师提出吗？学生踢出去的球必须由教师来接吗？学生的回答、展示必须由教师来评价吗？研究方法、步骤必须由教师来提供吗？算理必须由教师来演示吗?

　　在每一节课中,这些问题的确需要我们认真反思一下。我们该怎样给学生更大更好的思考空间呢?我们的评价该怎么样服务学生的思维呢?我们希望学生在回答和展示后,能自发地爆发出热烈的掌声;我们希望每节课上学生都能"自组织、自运行",都能"从头到尾"做研究;我们希望学生都能幸福和自觉地参与学习的全过程。如果是这样,我们教师少讲一点又何乐而不为呢?

(二)怎样渗透数学思想方法

　　徐云鸿老师对课堂上数学思想方法的渗透非常重视。她让教师们反思:数学思想方法是由教师总结告诉学生,还是由学生回顾、反思、感悟,自己得出呢?她认为,思想方法的展现不是呈现给听课的教师、专家、学者看的,而是学生发自内心的感悟,是用自己的语言表达的精神成果。徐老师还对怎样培养数据分析观念和符号感进行了专题发言。

　　这次会上,青岛市教育局普通教育教研室刘仍轩老师还代表青岛版数学教材编写组对新课标颁布后的教材修订稿进行了介绍,让大家知道了新教材的诸多鲜亮之处,了解到青岛版教材在全国小学数学教材建设中的领先地位。

第4节 尝试，深度学习的灵丹妙药

——参加"全国首届走进小学数学教学观摩研讨会"有感

金秋十月，枫叶正红。2019年10月25日至28日，由中国管理科学研究院、常州大学尝试教育科学研究院、北京睿师育人教育科学研究院等单位举办的"全国首届走进小学数学教学观摩研讨会"在北京召开了！这也是尝试教育2019年年会，是全国关注和实践尝试教育的教师们盼望已久的一次盛会。

85岁高龄的著名教育家邱学华先生做了开幕式讲话。他思维严密、观点清晰，全场不由自主地响起了长时间热烈的掌声。我们为邱先生这种执着的精神、严谨的态度、尝试的热情所感染和鼓舞。邱先生首先对本次会议进行了简要介绍。他说，本次会议规格很高、内容丰富。大会主要有两项内容，一是尝试教育科学研究院对新中国成立以来特别是改革开放40年来小学数学教育成果进行回顾，对优秀的教学实践案例、论文进行评奖，同时增补尝试教育新的实验学校；二是权威专家讲座、名师示范课观摩。邱先生介绍，本次大会共收到700余篇案例、论文，经大会专家组严格评审和推荐，共有91篇文章获奖，其中特等奖1篇，一等奖10篇，其余为二、三等奖。

大会举行了隆重的颁奖仪式，三位颁奖嘉宾分别是邱学华、《中小学数学》杂志社副主编方运加、《未来教育家》研究院院长张新洲。随后，获奖代表和颁奖嘉宾做了发言。大会还为三个新的实验学校举行了授牌仪式。

大会邀请三位教育专家做了学术报告，八位名师给教师们展示观摩课并做了专题讲座。名家们各展所长，会议精彩纷呈。

邱学华先生以《尝试教学法在小学数学教学应用中的理论与实践》、曹培英教授以《小学数学深度学习的反思性研究》、顾沛教授以《义务教育数学课程标准解读及小学数学案例》为题分别给与会者做了学术报告。徐长青、仲广群、钱守旺、朱乐平、潘小明、张齐华、柏继明、贲友林八位特级教师现场展示观摩课并做专题讲座。

当前，大家都在谈深度学习，都在强调"让学习真正发生"。没有学生的主动参与、亲身实践、大胆尝试、合作探究,何来的唤醒、创新、自主、深度?从专家和特级教师的报告、讲座与观摩课中,我悟出一条主线,那就是,"尝试,是深度学习的'灵丹妙药'"。

尝试教育,注重让学生先学后教,当堂检测。因为尝试中会有疑惑,有疑惑就会主动求解,这时的探究和合作是基于学生需要的,是"不愤不启、不悱不发"状态的学习。每堂课的尝试练习、二次尝试使得学习的实效性得到保证。更为可贵的是,尝试教育具有包容性和开放性。邱学华先生说:"各种教学思想和教学方法不是相互排斥的,而是相互交融的。在一堂课里,应该是一法为主,多法配合。"他提出目标尝试教学法、情境尝试教学法、合作尝试教学法等多种教学法的配合应用,提出了"超前式尝试教学模式"的具体操作办法。邱先生的报告每次都有新鲜的内容,感谢邱先生,庆幸中国小学数学教育界有这样德高望重、学术精深的常青树!

曹培英教授从课程和教材建设的高度,结合现行教材和实际教学中的具体案例,对小学数学教学中深度学习做了反思性研究。曹教授从深度学习提出的背景、什么是深度学习、深度学习"深"在何处、实现深度学习的关键、深度学习的路径五个方面,通过乘法分配律、角的分类、认识负数等案例进行了深入浅出的解析,让与会教师耳目一新,恍然大悟。例如,在《三角形三边关系教学的研究》一课中,深度学习的点有由线段公理说明(演绎推理)三边关系的"性质"、由三边关系推断何时围不成三角形"判定"、三边关系实际应用的"渗透运动变化"、三边关系用于说理的"渗透反证法"。曹教授认为,教育理论者提出的深度学习"深在人的心灵里、深在人的精神境界上、深在系统结构中、深在教学规律中",理论层面能给我们以启发,但是在实践层面难以指导操作。他认为,在数学学科中深度学习的落脚点主要在以下方面:要深在内涵与本质上,包括"之所以然的解释"和数学思想情感;要深在过程与方法中,包括知识的过程方法和学习的过程方法两个方面。曹教授认为,深度学习不是超标学习,不是超前学习,不是解难题;深度学习是在教师引导下,学生主动投入,深入理解、建构、迁移的学习过程、状态和结果;深度学习是摒弃浮华,在知识的生成、获取上下功夫,是追求提升学科内涵的教学,是培育学科核心素养的教学。

顾沛教授是南开大学数学科学学院教授，历任教育部高等学校数学与统计学教学指导委员会副主任、教育部义务教育课程标准修订组核心成员。他给与会者做的报告是《义务教育数学课程标准解读及小学数学案例》。顾教授从 2011 版课标在理念和内容上的变化谈起，就课标中不变的理念、理念上的七个变化、课程内容结构上的变化、第一学段具体内容的修改、第二学段具体内容的修改做了详细的剖析。顾教授提出："学习数学思想，积累数学活动经验，提高数学素养十分重要。"他认为："数学活动经验并不仅仅是实践的经验，也不仅仅是解题的经验，更加重要的是思维的经验，是在数学活动中思考的经验。因为，创新依赖的是思考。"他分析了基础教育数学从双基如何发展到四基及其重要意义。他谈到了关于数学的"基本思想"，并列举了"运算概念的建立和运算的背景、含义"，强调了在教学过程中如何传授或渗透数学思想，最后提出了教学建议，包括渗透数学思想的语言设计、如何得当地使用教材等。

大会还邀请了八位风格鲜明的著名特级教师给教师们带来了示范课和专题讲座，分别是徐长青老师的示范课"优化"和专题讲座"简约教学背景下的高阶思维与深度学习"、仲广群老师的示范课"倒过来推想"和专题讲座"助学法的意蕴"、钱守旺老师的示范课"垃圾分类——条形统计图"和专题讲座"动感课堂：为您的教学精准导航"、潘小明老师的示范课"植树问题"和专题讲座"用核心问题驱动深度学习"、朱乐平老师的示范课"两位数乘法"和专题讲座"基于手机微信的教研活动"、张齐华老师的示范课"图形中的秘密"和专题讲座"我们和'学习'的距离"、柏继明老师的示范课"排队"和专题讲座"减负——我们的责任"、贲友林老师的示范课"找规律"和专题讲座"思想，改变课堂"。八位特级教师课堂教学风生水起、意韵悠长，专题讲座各有侧重，展示了自己对小学数学教育的不同思考，各具千秋。

教学有法，但无定法，贵在得法。我们从专家、特级教师的理论和实践中发现，无论是怎样的变革，当我们真正把课堂还给学生，把尝试的主动权还给学生时，教着教着教师就不见了，"学习"就真正发生了。当教师加大课前的投入，精研教材，精心备课，所有的课堂设计均为学生的深度学习留足空间时,学生才会真正"站在课堂正中央"。由此可见,尝试,正是让学习真正发生、让学生深度学习的"灵丹妙药"。

（本文原发表于 2019 年 11 月 2 日"尝试教学流派"微信公众号,收入本书时有改动。）

第 5 节　研讨中理解　引领下行动

——参加山东省 STEM 教育与项目式教学研讨会有感

　　隆冬挡不住学习的热情，2018 年 12 月 27 日至 28 日，瑞雪至、贵客来。暖意浓浓的青岛第 39 中学小剧场里，来自中国教科院、北京师范大学、山东省教科院和全省各地市的 STEM 教育与项目式教学的专家和学校领导、骨干教师 300 余人齐聚一堂，参加山东省 STEM 教育与项目式教学研讨会。

　　研讨会邀请专家做了主旨演讲，各 STEM 教育种子学校和领航学校领导、教师进行了经验分享，与会者参观了青岛 39 中 STEM 教育与项目式教学的现场，观摩了课堂教学。可以说，本次研讨会安排紧凑而高效，内容丰富而充实。作为与会者的一员，我收获满满，总结如下。

一、专家讲座拨云见日

　　本次研讨会邀请了多位重量级的专家到场为大会做主旨演讲。专家的演讲使我对 STEM 教育从肤浅了解到深入理解，从模糊混沌到逐渐清晰，有种醍醐灌顶、拨云见日的感觉，好像迷路的人在困顿中游弋时一下子见到了熟悉的航标。

（一）让我认识到 STEM 教育开展的必要性和急迫性

　　我曾读过不少资料，也参加过一些会议，但对 STEM 教育开展的必要性和急迫性还缺乏足够的认识。本次研讨会上，山东省教科院王秀玲主任、青岛市教科院于丽平主任等专家从不同的方面介绍了发达国家特别是美国进行 STEM 教育的情况，阐述了我们正在进行的一些行动和即将开展的扎实有效的活动。说实话，我们的 STEM 教育起步太晚了，为民族计、为家国计，着实有种着急的感觉。好在我们已经做了大量的工作，从国家到地方都高度重视，发布了白皮书，启动了"中国 STEM 教育 2029 创新行动计划"。只要我们认真做、扎实做，我们还是有机会奋起直追、实现弯道超车的。

（二）对我启发最大的有下面几点

　　中国教科院刘志刚先生说，STEM 不是一个学科，而是一个学术的概念。STEM 教师原先可能是信息技术、科学、综合实践、通用技术等学科的教师，但现在是跨学科的综合型的教师，是全科教师。他提出了以"爱创造"为核心的 STEM 理念，提出了竞赛项目课程化的观点，要求大家去功利化，不要仅盯着获奖，因为 STEM 教育不是一个学生的事，而是每一个学生的事。

山东省教科院王秀玲主任很冷静地提出了目前 STEM 教育的三个偏颇：一是教育理念的误导，一些学校重视了购买机器的品牌，忽视了 STEM 教育的内涵；二是教育方式的偏颇，有些学校重视了教师教着做、学生跟着学，忽视了学生的自主创造性，许多的成果不是学生自己搭建的模型；三是课程设计拔苗助长，超出了学生年龄段的能力和认知水平，忽视了 STEM 教育实施过程的引导。

山东省教科院 STEM 教育协同中心主任赵亮老师的主旨报告和主持非常精彩。赵老师就 2019 年山东省 STEM 教育发展规划以及工作部署做了强调，思路清晰、方向明确。赵老师的主持风趣幽默，许多警句让人眼前一亮，比如，STEM 不是几个学科的简单叠加；STEM 教育也能适应农村薄弱学校，可以低成本发展；我们对 STEM 的认识从单一学科到多学科渗透，到全学科融合；开展 STEM 教育，一万次灌输抵不上一次唤醒；如何更好做教育，大家累，找不到目标更累……每一次点评和主持都引来大家会心的一笑。

山东省 STEM 教育种子教师培训组组长王立新老师就《山东省 STEM 教育项目学校培育工程解读》做了主旨发言，特别是对课题实验学校提出了明确的要求。发言干货满满，信息量很大。

专家的发言让我对 STEM 教育有了更深刻的认识，对学校如何开展 STEM 教育也有了方向，充满了信心。

二、同行分享，豁然开朗

本次研讨会一个亮点是有许多的种子学校、种子教师进行了发言交流。这是真实发生在身边的 STEM 教育的生动案例，每一个案例都给了我非常大的震撼，引发了我的思考。

青岛 39 中逄淑萍书记、济南市历下区教育局艾伟老师、淄博市淄川区教育局翟涛老师、临沂市兰山区教育局赵金涛老师等都做了精彩的报告。他们的报告理论性强，实践性强，指导性强。

还有很多基层学校也都分享了他们的经验和典型做法，给我留下了非常深刻的印象。例如，临沂市高都小学的韩连信校长从李培宁之问和钱学森之问引出 STEM 教育的必要性：我们的学生分科学得都很好，一到综合运用就不如意，我们必须做好 STEM 教育；荣成市实验小学的陈雪原校长提出"从模仿中创新"，购书先学，然后再闯出自己的路子，这个办法很实用，确实是"我们不能改变风向，但能调整自己的帆"；滨州实验学校的王永强老师分享的《朝向学科素养的 STEM 课程校本化建构与实施》有非常好的可操作性，给了我很大的启发。我立即记下王老师的联系方式，期待后期得到他的指导。

总之，优秀学校和老师的经验介绍使我豁然开朗，我感觉自己真正踏入了 STEM 教育的大门。

三、现场观摩，有案可循

青岛 39 中作为中国海洋大学的附属学校在海洋教育特色创建上有得天独厚的优势，但是他们不故步自封，而是不断创新和超越。他们在特色凸显中求变，顺应新时代教育发展的要求，积极开展 STEM 教育和项目式教学研究，取得了新的成就。

我们的现场观摩有两个内容，一是观摩他们的 STEM 教育与项目式教学研究成果，二是观摩他们的课堂教学。

我参观了青岛 39 中的校史展、课程改革成果展、海洋科技馆等，被深深震撼了。这所岛城名校深厚的历史底蕴、扎实的工作作风让我折服。在海洋生物标本室，看到琳琅满目的各种标本，我感觉到了自己的渺小，许多生物我不知其名，许多生物我是第一次见到。这里的老师讲解得非常专业，特别是在有孔虫实验室，老师更是如数家珍。我深深敬佩老师的专业素养。我第一次通过显微镜看到了真实的有孔虫！青岛 39 中学生们有创意的项目式研究成果让我叹服。我原先一直怀疑是老师和家长帮学生做的，通过逄淑萍书记的介绍，通过北京师范大学与青岛 39 中携手进行的项目式学习实验的主旨介绍，通过观看学生项目的相关资料，我深信项目式学习是学生喜欢的学习方式，是真实而有成效的！

我选听的项目式课堂教学展示的是地理课。我是教小学的，从没进过高中的地理课堂。这节课通过研究家族迁移,分析人口迁徙的背后原因,包括政治、经济、自然生态、文化影响等方方面面的原因。这节课是一节展示汇报课。课堂上,教师把活动的主要时间给了学生,学生精心制作了 PPT,以小组为单位进行了汇报和交流。我看到学生们用不同的形式、思路对这个项目进行调研、分析、总结等实践活动。他们的分析和得出的结论都体现了很好的自主性,有独到的见解。教师对各组的活动进行了点评并提出了新的要求。可以说,这节课较好融合了地理、历史、经济等学科教学,体现了 STEM 教育学科融合的理念,体现了项目式教学的要求。

四、会议归来,充满信心

本次研讨会虽然只有短短两天时间,但是信息量大,收获很多。在听专家报告、课题组的推进计划和兄弟学校的介绍时,我感觉压力很大。我们的物质条件跟其他学校相比远远不够,无论是数量还是质量都需要使劲补充;我们学校的教师队伍需要尽快提高对 STEM 教育全新而准确的认识;我们的课题研究需要加快推进,按照课题研究的计划,结合省市教科院的安排,积极参与课题的深度研究,跟上省市和全国的研究步伐。总之,任重道远。

但是,就像东营市胜利第四中学梅传俊老师说的:"我们能做好吗?我们一定能做好!"我想,我们也一定能做好!本次研讨会后,我们要马上做好如下几件事。

(一)制定规划

制定学校 STEM 教育三年规划,做出学校实施 STEM 教育方案和各年级实施方案,以规划引领课题研究按计划、有步骤推进。

(二)成立机构

成立 STEM 教育教研组,明确核心成员,明确课题研究的具体分工,细化课题研究和推进的具体步骤,布置 STEM 课题在教学和活动中的安排,开展相应的研究。

(三)展开对教师的全员培训

通过邀请专家到校培训、利用网络教研进行线上线下培训、购置相应的书籍进行自主培训等多种形式,使全校上下形成共识:STEM教育不是哪个学科的事,也不是一门单独的课程,它是基于项目式学习、融合多个学科知识让学生动手动脑创造、培养创新精神和实践能力的教育;它更是一种教育理念,一种教育行动,一种教育自觉。

(四)进行案例等的征集和评比

根据课题研究的安排,进行STEM教育优秀案例、方案、论文的征集和评比。将优秀的作品择机上报市、省和全国课题中心,推荐到各级各类刊物发表。

(五)加强横向联系

加强与兄弟学校的联系,多到兄弟学校学习取经;多争取区、市教科院专家的支持和指导。

(六)整合家庭、学校和社会资源

加强针对家长的宣传,让家长也参与学校STEM教育;加强与周边社区资源的对接,争取形成大STEM教育圈,扎实做好我校STEM教育。

(七)搭建平台

给学生搭建展示的平台,组织学生举行好科技节、参加好各种主题活动和各级各类比赛,争取以赛促学,培养兴趣。

第六节　一堂不一样的地理课

——参加山东省 STEM 教育与项目式教学研讨会观课感想

2018 年 12 月 27 日至 28 日,山东省 STEM 教育与项目式教学研讨会在青岛第 39 中学召开。27 日上午,在观课引导员的指引下,我来到青岛 39 中 C112 教室观摩基于项目式教学理念的研讨课。

我到达教室时,执教本节地理课的时圣彦老师和学生们已经做好了准备。一曲李建的《异乡人》让在场观课的教师和学生们沉浸其中。接下来,正式上课,时老师引出本课的主题《探寻家族渊源——人口迁移》。在时老师的引导下,学生们首先讨论了人口迁移的几大原因,接着分小组对课前做的家族迁移情况调查结果进行了展示。时老师进行了总结,梳理了项目式学习的几个步骤,并指导学生完成学案。

这堂课让我感触很深。项目式学习带给学生的思维和自主学习能力的培养令人惊叹。过去我们基本上采用分学科的教学方式,突出学科能力和素养的培养。各学科之间相互独立,基本上看不到学科融合的影子。项目式教学以整体项目为主线,学生从确定课题、调查研究到展示成果,完全成为学习的主体。主动参与提升了学生学习的兴趣和热情,也培养了学生在调查研究的各个环节中的思维和实践能力。学生们在各个阶段进行小组合作学习,完成项目准备、调查和展示,也培养了团结协作能力。

这是一节地理课,却融合了音乐、历史、地理、语文几门学科的知识。看似一堂地理课,知识的融会贯通、互相联系,让学习成为调动学生各学科知识的综合大平台。真正的社会生活是难以用学科来划分的。做一件事需要语文知识、数学知识、科学知识还是生物知识?恐怕都需要。因此,长期以来,很多人认为我们在学校所学到的知识难以运用到现实生活中。因为在学校学习的过程中,第一,课题没有基于真实问题;第二,学生没有尝试过结合各学科知识分析解决问题的过程和方法。由此看来,学科融合是适应现实生活、全面提升学生综合素养的必然途径。

生活难以用学科来划分,却可以看成是在做一件又一件事。而这一件又一件事,实际上就是一个又一个项目。将项目式学习与学科整合结合在一起,可以培养学生的综合素养和实践能力。我相信,未来,项目式学习和学科大融合将会成为基础教育阶段发展的重要方向。

当然，如果本节地理课给学生的空间再大一点，时老师引导关注人口迁移的研究视野再大一点，效果会更好。比如，学生收集的资料可能主要是和自己的家族有关的资料，这时候虽然时老师也提供了一些青岛本地人祖上大多是云南移民的资料，但是感觉视野还是局限在青岛、国内。如果时老师能结合当下的国际形势补充点欧洲难民潮或历史上人类的几次大迁徙，分析背后的政治、经济、文化等因素，得出相应的结论，会促使学生从一个广阔的视角关注人类的发展和命运，会对学生的家国情怀、责任担当、构建人类命运共同体的历史使命感更有帮助。

第 7 节　融合的力量　发展的趋势

——参加第三届中国 STEM 教育发展大会有感

第三届中国 STEM 教育发展大会于 2019 年 10 月 19 日至 21 日在美丽的古都西安召开。本次大会内容丰富,既安排了两院院士、大学教授和各领域专家的讲座,又举行了第一批课题实验校的中期汇报和第二批课题的开题答辩,还有去学校实地考察学习 STEM 案例、交流展示、听课活动,可以说精彩纷呈,亮点多多。

一、融合,STEM 教育的新方向

世界教育发展潮流不断向前,STEM 教育成为大家的共识,融合已成为新特征。

中国教科院 STEM 教育研究中心王素主任在主旨报告《融合的力量——智能时代的 STEM 教育》中提出,从国家安全、经济发展、培养未来人才、新时代教育改革方面来看,STEM 教育是非常紧迫的。王主任的报告中强调了为什么要抓紧搞 STEM 教育、怎样去推进 STEM 教育。她提出要重构课程,转变学习方式,通过技术促进 STEM 教育公平,着力提升数字化素养,重视融合的力量!

西安电子科技大学杨宗凯校长的演讲《教育信息化 2.0 与 STEM 教育》指出,中国教育信息化已转到以"融合与创新"为突出特征的 2.0 阶段,在此背景下 STEM 教育与教育信息化 2.0 是同频共振、同向而行、相互支撑的。

江苏昆山杜克大学副校长丹尼斯·西蒙也将 STEM 教育划分为从 1.0 到 4.0 四个阶段,当前正实现从 1.0 到 2.0 的跨越。他认为,到了 4.0 阶段的时候,相关的专业就被融合成集科学、技术、工程、数学于一体的综合性学科。

中国工程院院士段宝岩做了题为《漫谈工程系统设计、学科交叉与数理基础》的主旨演讲,指出工程设计离不开数据。物理尤其离不开数据。中国科学院院士舒德干做了题为《从进化论看人类智慧的源头》的主旨演讲,认为智慧的起源涉及人工智能,无论人工智能还是其他智慧都来自脑。两位院士虽然从不同的角度对 STEM 的发展进行了分析,但可

以看出，"融合"是大家的共识。

二、实践，STEM 教育的突破点

本次大会有两项重要的发布。一是王晓宁博士代表中国教科院发布了《内地香港 STEM 教育调研报告》。报告用翔实的数据、严谨的态度深度刻画了我国 STEM 教育一线的实践全景，提出了 STEM 在未来教育中的关键性影响力与发展潜力。二是中国教科院 STEM 教育研究中心发布了报告《STEM 教育这样做》，回应了 STEM 教育怎么看、怎么做的关键问题，汇总呈现了当前我国最有代表性的 STEM 教育实践案例。

STEM 教育已经在路上，理念先行，实践必须跟进。本次大会还举行了第一批课题实验校的中期汇报和第二批课题实验校的开题答辩。将近二百所学校用他们对 STEM 教育的理解进行着大胆的实践，许多学校和课题组的研究有了实质性的突破。例如，西安高新国际学校提出的"双动五步"学习策略，深圳龙华区行知实验小学提出的学科、资源和空间三个"融合"的策略等，都从实践层面对 STEM 教育进行了大胆的突破。

三、服务，STEM 教育的保障力

本次大会，中国教科院宏观规划，主办方精心安排，参会的众多企业提供了很多 STEM 教育的解决方案；来自全国的众多科研院所、课题学校进行了大量的软硬件投入，所有这些都为 STEM 教育的扎实开展提供了有力的保障。众多的领航学校、种子学校、课题实验校纷纷派代表参加会议。教师们的参会热情高涨。许多教师甚至都抢不到线上报名的名额，只好早早到会议现场想办法"蹭会"。

我想，各级专家的引领、学校的实践、企业的助推，一定会把我国 STEM 教育推向一个新的高潮，使我们国家的教育特别是基础教育能够紧跟时代步伐，抓住第四次工业革命的机遇。

第 8 节 聚合智慧 合作共赢

——参加智慧教学大讲堂主题活动月心得

智慧教学是东北师范大学刘晓中教授倡导的。刘教授建立了全国智慧教学大讲堂,除了经常组织主题活动外,每个周二的晚上八点钟开始在微信群里授课,讲授智慧教学的系统理论,交流各实验校的经验,分享名师校长的观点,大家都受益匪浅。我于 2017 年 12 月 10 日开始参加了一个主题活动月的群内交流,一共上了七次微信课,每次课后都写一段文字记录自己的收获。

2017 年 12 月 10 日星期日

今天的学习心得用一个字评价——"新"。

1. 平台新

感谢刘教授提供的平台,这种"互联网＋智慧"的微信研修方式让我耳目一新。我从刘教授的讲课中学到了许多的金句,了解到这个智慧教学大讲堂是"聚合智慧 合作共赢"的平台,是"时时处处皆可学、沟通分享无界限"的课堂,是"网络学习、智慧交流、三维互动"的资源。时代在进步,我们对教育的需求也在变。智慧的教师要会借助不同的平台学习,善于培养孩子们的学习能力,让孩子们学会学习。这是智慧的教师能带给孩子们的最大价值。

2. 理念新

今天,我第一次了解了智慧教学的核心理念,重新认识了"智慧"这个词,感觉豁然开朗。"智慧教育以培养学生的核心素养为目标,教学过程中尊重教育教学规律,教学结果上实现学生智慧成长。""智,每日在知,是个过程;慧,用心来梳理。""过程实践中体验为智,结果反思梳理为慧,智慧即教育。"今天的大讲堂让我知道了教育发展的三个基本阶段,即经验教育、知识教育、智慧教育;我们在教育中应该经常有这样的意识:"欣赏优点,改正缺点;理解弱点,把握特点;胆子大点,步子稳点;贯通亮点,精彩点点。"

3. 朋友新

"学优秀的别人，做最好的自己。"我以前只孤立地注意这句话的前半句或者后半句，没有完整地思考这句话。智慧教学大讲堂这个平台里有"一个无限热爱教育并努力践行教育新思想、新策略、新思维的团队"，有东北师范大学的教授，有来自全国各地的名校长。古人说："有朋自远方来，不亦乐乎？"每天在群里认识这么多优秀的新朋友，分享各自不同的观点，我非常高兴。

4. 观点新

今天的智慧教学大讲堂引发了我的深度思考，我特别欣赏这些观点："孩子成长靠的是教育。关键是孩子需要什么样的教育，我们怎样帮助孩子获得这样的教育。""孩子没有优劣，只有不同，因材施教、因才施评，让每个孩子在原有的成长点上更好地生长。""营造孩子喜欢的学习环境，提供孩子喜欢的学习方式，能让孩子乐在其中就是成功的教育。""教育对孩子而言是个性化发展的过程。理想的状态，每个孩子都应该有适合他自己的课程表。""课程，有了多样，才可选择；有了选择，就会适合；有了适合，就有兴趣；有了兴趣，才会主动。"

这些观点新颖，值得回味。我不由得回首自己以往对教育的理解，感觉很肤浅，很苍白。我要从"学优秀的别人"开始，"做最好的自己"。

我很期待早日了解智慧教学操作层面的新内容。

2017 年 12 月 12 日 星期二

今天学习一得的主题词是"实"。

1. 充实

今天，广东省佛山市顺德区聚贤小学钟伟彭校长早早就上传了自己的案例，对学校课程体系的几个问题进行了专题经验介绍。这种翻转培训效果很实在，大家有备而来，畅所欲言，信息量很大，收获满满。钟校长的案例对我启发最深的有两点，一是"在做课程体系前，需要对学校进行自我评估，评估自己学校是否达到国家课程这个'中等水平'"，二是"骨干教师不仅要懂得'怎么教'的问题，还必须知道'教什么'的问题。只有骨干教师清楚教什么，才能更好地将学校的核心理念传递给其他教师，才能更好地将国家课程进行校本化实施,将校本课程进行个性化实施"。可以说,这两点一下子击中了我久思不得其解的纠结。

我非常赞同钟校长的观点。我们的教育首先要落实国家课程,落实立德树人的根本任务,然后在突出自己核心理念和特色文化的基础上,开发建设好学校课程,形成自己的课程体系。另外,学校课程体系的建设和实施离不开高水平的教师团队,所以教师的培训和提升很关键。教师们只有认同学校的理念和文化,才能自觉实施课程。钟校长以他们学校的贤达课程为例,对课程体系的建设作了详细的分析,给了我们很多启发。感谢钟校长的分享。

2. 真实

今天的大讲堂讨论中,很多校长的发言令我耳目一新。例如,广东省佛山市顺德区海逄沙小学龚文海校长提出了"国家课程校本化、校本课程特色化、特色课程个性化、个性课程自选化"的观点。我仔细揣摩、细细研读,收获很大。参与讨论的各位校长毫不保留,把自己的观点真实呈现;有的还把自己学校的特色课程资源全部分享,让我看到了开放和自信。大家在这种实实在在的讨论和碰撞中增长智慧,加深了解,提高认识。

浙江省慈溪市逍林镇镇东小学黄君宽校长提出把课程分为以下几类:"从管理体制看,分国家、地方、校本课程;从实施途径看,分学科课程和综合课程;从课程功能看,分基础性课程和拓展课程;从学习形式看,分必修课程和选修课程;从外显形式看,分显性课程和隐性课程。"我觉得很有道理。

2017 年 12 月 14 日星期四

今天每日一得的主题词仍然是"实"。

1. 翔实

我从大讲堂中体会到,课程体系的构建要植根于学校的核心理念,着眼于学生的个性发展。作为课程体系的组成部分,每一门课程都承载着学校的育人功能。例如,钟伟彭校长带领的团队构建的贤达课程体系非常完备,顶层设计非常完美。他们对每一门课程都进行了精心的推敲。钟校长对贤达修身课的规划、实施、评价都非常翔实:"'十个做'修身校本课程""礼仪课程""日行一善德育课程"等构成了完备的贤达修身课体系，而每一个子体系都有翔实的内容和操作流程。例如，"十个做"有十项内容，具体到每一项内容又有更详细的解读：如"做一个有孝心的人"就有"构图、标准、规划、做做、写写、说说、录像、表演、评价、惊喜、晚会"等十一项内容。凡事预则立，一门课的实施必须与课程体系和育人目标相呼应，必须有一个翔实的方案。钟校长的团队给了我很好的启发。

2. 落实

我还体会到，有了好的课程体系和课程设计，必须有很好的落实。只有知没有行的教育是纸上谈兵。我们从聚贤小学钟伟彭校长的介绍中看到了师生落实贤达修身课的案例。他们的活动丰富多彩，真正把课程的构想落到了实处，学生们从中受益多多。而所有的这些师生活动都是围绕着课程设计和规划进行的，没有随意而为。

学校课程体系再好，没有人执行或者落实不到位也是不行的。所以，学校要注重培训教师团队、影响家长团队、塑造学生团队，让他们高度认同学校课程。只有这样，学校课程的落实才是高水平的真正落实，而不是教师和学生疲于应付式的落实。

3. 厚实

课程体系体现了学校的核心理念。在课程实施的具体过程中，学校有时候需要根据实际情况做出一些修改，教师们要做出一些微调，这都是创造性实施课程的体现。我从钟校长团队的介绍中看到了"修身课程的二次开发"，这是他们第一轮贤达修身课的修订升级版。课程就是这样在不断实施、修订中完善、积累，不断厚实起来的。在这个过程中，厚实的不仅仅是课程体系，还有教师们开发课程的自觉性与孩子们的课程获得感。

钟校长说，贤达修身课是为贤达教育核心素养中的"善良"而服务的。我的思考不由得又回到了原点：我们要培养什么样的人？为什么要培养这样的人？怎么培养这样的人？培养的是这样的人吗？

2017 年 12 月 19 日星期二

今天每日一得的主题词是"人"。

今天的大讲堂，柳州市鹅山路小学刘娜校长分享了她带领的团队

"52010"课堂教学模式。"52010"即 5 分钟学科专项练习、20 分钟精讲点拨、10 分钟习得生成。这个模式分别从基本技能、学习方式方法和思维训练等三个维度提高课堂实效、发展核心素养。刘校长又提供了语文、数学、英语三个 5 分钟的专项训练、各学科的助学单、学生思维导图等具体案例。从刘校长的介绍中,我们了解到这种模式已经在学校取得了实实在在的效果,得到了广大教师的认可,受到了学生们的欢迎。

1. 心中有学生——受教的人

我们从助学单上看到刘校长非常注重学生的自学、自悟,这是真正把学生放在了学习活动的正中央。先学后教,学生内在的好奇、兴趣得到了激发,这不就是唤醒吗?学生自己有困惑的时候,教师就在课堂上给他和同学合作交流的机会。学习变成了学生自己的事,变成了和小伙伴适度挑战就能解决的事,多么自豪!看到助学单、质量检测单、学习效果这一系列设计,我体会到了站在学生角度看教学的好处。适合学生的就是最好的,鹅山路小学的学生真幸福。

2. 心中有教师——施教的人

每所学校的备课都有自己的特色,我从鹅山路小学的助学单设计、质量检测单设计中看到了刘校长对教师备课的唤醒、对教师专业成长的关心。我们要教什么?怎样教?怎样教得好?这些都是教师备课时首先需要思考的问题。目标明确了,设计路径就明确了。学校的助学单和质量检测单对教师们的备课提出了新的更大的挑战。没有深入地研究学生,没有深入地研究教材,是设计不出好的助学单和质量检测单的。但是这个助学单和质量检测单又是教师团队研究的结果,凝集了团队的智慧,这就比单打独斗的个人备课质量高了很多。在这样的大环境下,教师们的专业成长是非常快的。我们看到了《圆的总复习》一课的质量检测单和实际效果。尽管上课的教师很年轻,但是课堂效果非常好,这就很好地说明了团队备课的优势。"教师第一",鹅山路小学的这种顶层设计理念新、好操作,教师们喜欢。能提升教师专业水平的备课是好的备课,鹅山路小学的教师们真幸福。

2017 年 12 月 21 日星期四

今天每日一得的主题词是"执行"。

1. 坚定地执行

有了正确的理念，有了好的顶层设计，必须坚定地执行。柳州市鹅山路小学刘娜校长的团队精心设计了"52010"课堂教学模式，适合学生的发展，学生喜欢。这个模式教给学生学习的方法，引领他们智慧学习，养成良好的思维习惯。刘校长和教师们坚定、自信地执行这个模式，取得了实实在在的效果，突出了自己的特色。

2. 创造性地执行

刘校长让三位骨干教师给我们做了典型介绍。我们看到，教师们在学科教学中不断实践和突破，不断提炼和创新，总结出了适合自己学科的"52010"模式。在很好的顶层设计下，在刘校长等专家的引领下，教师们强化"三助"策略，注重教学实效，获得了专业成长。

2017 年 12 月 26 日星期二

今天每日一得的主题词是"落实"。

今天我聆听了安徽省合肥市城西桥学校张奎校长关于团队建设的分享，收获很大。说实话，关于团队建设以前我一直是想在脑里、说在嘴上，就是没有落实在腿上。虽然我平时的工作也关注团队建设，但是没有深入去研究。听了张校长的讲座，我豁然开朗。

1. 团队建设必须有明确的目标，目标的实现在于落实

教师团队的学习与提升，是凝心聚力的关键，是团队建设的目标。张校长把对智慧教学的深度学习与理解作为教师团队建设的核心目标，大家围绕这个目标学习、探讨，有的放矢抓落实，提升了凝聚力。

2. 团队建设必须有专家的引领，引领的结果在于落实

缺乏专家的引领，团队建设容易陷入低水平的循环。专家善于从我们微观的、碎片化的学习和探究中提炼经验、形成模型，对我们团队建设的有效提升有巨大的引领作用。人天生具有求新、好奇的心态，专家的提升会不断激励团队成员挑战自我，永葆活力。张校长带领教师们参加了丰富多彩的培训活动，接受专家的指导，团队建设效果明显。

3. 团队建设必须自学与互助相结合，行动的结果在于落实

自我提升与同伴互助是团队建设的重要方式。没有自我提升，团队建设就缺少了实实在在的基础；没有同伴互助，自我提升就缺少了跳一跳摘桃子的高度。张校长组织教师们参加各种团队活动，在活动中教师个体积极思考，有深度收获；教研组、年级组的团队成员互相研讨又对个体进行了启发。这样的团队建设把行动落实到了结果上，人人收获满满，温馨充实。

2017 年 12 月 28 日星期四

今天每日一得的主题词是"创新"。

今天我聆听了安徽省合肥市城西桥学校偶自传副校长和李会主任对教师团队建设具体做法的介绍，收获很大。

1. 出点子，措施创新

学校对教育教学的改革总是会触动教师们的利益，学校领导要善于出点子。李会主任说，学校对团队建设的改革刚推行时，有的教师积极参与，有的在等待观望，有的消极怠工。学校想了许多的点子来有效凝聚团队。校长亲自做讲座，干部带头参与，骨干积极帮助，带动其他教师被动地参与、尝试着学习，最终这些教师由不热到慢热，主动参与到轰轰烈烈的团队学习中。

2. 搭台子，评价创新

团队建设必须有美好的愿景。我们从两位领导的介绍中了解到学校为教师们搭建了很好的学习平台，如外出培训、专家引领、团队互助；学校还举行各种比赛活动，为不同层次的教师搭建了交流、展示的平台。这些措施给了教师们明确的专业发展愿景，大家目标一致，打造了凝聚力很强的团队。

3. 压担子，机制创新

学校对教师们的课堂教学提出了明确要求，如"一案四单"，要求教师们积极落实。一开始，教师和学生是比较被动的，但是学校坚持执行并加强督查。慢慢地，思维导图的使用改变了教师的教学习惯、学生的学习习惯，大家都接受了学校的要求。现在，整个氛围向着智慧教师、智慧学生发展，智慧教学水到渠成。两位领导很高兴地给我们展示了教师和学生的思维导图。教师的思维导图概括性、条理性都很强，非常有利于课堂教学效率的提高；学生的思维导图形式多样、思路清晰，使人感受到了孩子们对使用思维导图的喜爱。

　　优秀的教学思想引领优秀的教师，智慧教学成就智慧教师、智慧学生。让我们一起"学优秀的别人，做最好的自己"。

第 9 节　感动与坚守

——读教师们的文章有感

2013 年 10 月 9 日，我用了整整一天时间，仔细阅读了教师们上传到即墨教体局教研网络平台上的文章，心里很感动。这些文章里有很多的精品，都是教师们原创的妙作，体现着他们对教育的理解和执着。想想他们在繁重的教育教学任务之外还要高质量地完成这样的工作，我怎能不感动！

我也喜欢静下心来，轻敲键盘，梳理思绪，让自己的感悟从指尖流出，让自己的思想从清脆的敲击声中发送出来，那种惬意妙不可言。我曾经非常羡慕林荫间漫步思索，心无旁骛；我曾经非常向往煮一壶香茗，捧一本好书静静阅读。今天在闹市旁的办公室里，我欣喜地和教师们进行着文字的交流。每读完一篇文章，我都忍不住要在教师们的文章后面回复上几句话，或是赞赏，或是鼓励，或是希望，好像跟教师们在面对面地谈话，这种感觉真的非常好。

"问渠那得清如许？为有源头活水来。"一个人只有与朋友分享快乐才会得到更多的快乐；一个人的观点只有在与朋友观点的碰撞中才会激发更多的灵感。我越发感觉到我们祖先发明的"交流"这个词不简单。当我们不停地思考与碰撞时，我们的思想便是鲜活的，而不是僵化的。唯有交流，我们才能跟上时代的步伐，才能走在时代的前列。

当前有许多教育流派，有数不清的教育理论，但是，真正让我们一线教师感觉好理解、好接受、可操作性强的不多。教育面对的是活生生的人，不能随随便便做实验。幸亏我们的教师没有随波逐流，都在扎扎实实地教学，研究真实的课堂。

我们的草根教研就应该落脚在一线。我们把自己的想法进行梳理，进行总结和提升，在实践中去检验，"不管白猫黑猫，会捉老鼠就是好猫"。实践是检验真理的唯一标准。我们在实践中发现，适合学生的就是最好的，能促进学生全面、和谐、主动发展的就是好的。在这一点上，我们一线的教师最有发言权。叶澜教授曾经举过一个例子，有一次她在一个学术报告会上提出拼音教学的一个建议，结果一个刚参加工作的小姑娘提出了不同的建议，并且不客气地说："没有教过拼音的，就没有资格提出建议。"叶澜教授微笑着肯定了这个小姑娘敢于向权威质疑的精神。我想，在我们的教学中也应该有这样的坚持和勇气，无论是哪个大牌专家的理论，也无论是哪个青年教师的观点，只要经过课堂的检验证明是好的、高效的、学生喜欢的，那就是好的理论、好的观点。

坚持还需要教师们静下心来。毋庸讳言，现在社会上有的领域很浮躁，沉下心来做事的氛围还很不够。但是，在教育这方净土中，我们要为学生们静下来，要坚持，更要坚守。静下来的时候进行反思，读几本教育经典，研讨一下课堂上的遗憾……这些都会促进我们的专业成长。我们要把教育当成一份事业来做，而不仅仅是看成一份谋生的职业。

我教学快30年了，现在跟我联系最多的是我当教师、当班主任的时候教过的学生。我给即墨市即将上岗的300多位新教师作岗前培训时说："一定要把学生看成你20多年后的朋友，这样，你对待他的心胸就会宽广，你对他的未来就会充满信心，你就会用一个全新的视角去尊重他。"真的，现在每当我接到学生的电话，或者是路上碰到学生交流后，我都会反思自己当时教育的成功和遗憾。但愿我们所有的教师回顾自己的教学生涯时，成功多于遗憾。

第 10 节　关注学生　教育之本

——参加即墨市/区教体局"校长论坛"有感

即墨市/区教体局非常重视校长专业成长,每年暑假都要组织校长们进行封闭培训。培训的主要内容有党建专题教育、专家讲座、校长论坛、局长讲话等。走上校长岗位后,我有幸参加了这些培训,听了很多专家和校长的讲座,印象非常深刻。我把其中几次培训的主要收获分享一下。

一、教育为生命创造价值

2016 年 7 月 27 日至 29 日,我参加了即墨市教体局干部培训班暨第二届校长论坛,收获满满。

(一)专家讲座

本次论坛请的专家都是山东省内的名校领导,接地气。青岛二中孙先亮校长、嘉峪关学校徐学红校长和潍坊广文中学赵桂霞校长都是从一线干出来的专家,他们的发言既有理论高度,又有实践经验,发人深省、触动思考。孙先亮校长提出,教育为生命创造价值;教育就是尊重、就是环境、就是创值;教育的三个主要变化:学生决定教育、学生优势决定未来、学生自主发展;每个学生都是好学生;哪壶开了提哪壶,有长处有短处才是人;每个老师都要倾听自己的心声。徐学红校长提出,议课比听课重要;冲突推进价值共识。赵桂霞校长提出,从外面打破,只是千篇一律的食物;从内部打破,是一个又一个鲜活的生命;让每个人生长自己的想法;我们的岗位是服务对象提供的;用数据表达信息。她展示的课程整合过程"鱼骨图"、自我认识的分析等都是我以前没有接触过的,真是有种充电的收获和快乐。

(二)校长论坛

校长论坛环节中我们即墨校长的发言也是精彩纷呈。即墨德馨小学乔彩花校长的《三生课堂》阐释了从学科教学走向学科教育的历程;潮海街道城东小学万初清校长的《寻找发展的力量》讲述了学校情感管理的魅力;通济街道山东小学杨瑞玉校长的《双主教育》介绍了让学生站在学校正中央的做法;即墨市特殊教育中心于港仕校长的《"大生活"教育》

突出了如何让特殊儿童绽放生命的精彩；即墨市通济中学王道田校长不回避敏感话题，他的报告《以课程变革突围教育困境》让我看到了基于学校实际发挥科研引领、实施创新突破的力量。

二、不忘教育初心

2018年8月20日至22日，我参加了即墨区教体局"大学习、大调研、大改进"读书班暨第四届校长论坛，收获颇丰。

（一）参观红色教育基地

本次会议让我感觉到震撼的是参观红色教育基地：郭永怀纪念馆、谷牧同志旧居。在郭永怀纪念馆，我们聆听解说，观看纪念片和各种实物，数次落泪！这位伟大的科学家，学术研究位于世界前沿，人格魅力堪为世人楷模，爱国之情胜于生命！郭永怀，为了祖国的强盛，放弃国外优越的治学条件，放弃国外优越的生活条件，克服困难，千辛万苦回到祖国。他义无反顾地将所有的家产无偿捐献给国家，投入两弹一星的研制，在生命的最后一刻想到的仍然是保护最新的实验数据！而就是这样一位让人敬佩的科学家，却"吝啬"到不肯给严寒中的女儿买一双鞋！正是他和其他一些伟大的人创造了中国的奇迹，保护了国人的安全，他们是中国的脊梁，他们代表了中国的精神！跟他们相比，我们是多么渺小！我们只有以更加饱满的热忱投入我们的教育事业中，培养更优秀的人才！在谷牧同志旧居，我们了解了老一辈革命家坎坷的奋斗历程，了解了他们为了建设新中国实行改革开放的高瞻远瞩；我们也了解了他们简朴的物质生活、高雅的精神生活以及他们对党的忠诚！

（二）专家讲座

本次论坛邀请了两位重量级的专家给我们上课；一位是教育部"国培计划"专家、山东省中小学实训干训中心主任毕诗文，他做了题为《教育课程教学改革与校长教师专业发展》的报告；另一位是北京市广渠门中学教育集团校长、特级教师吴甡，他做了题为《新时期新教育新作为》的专题报告。两位专家的报告立意高远，干货满满。

毕诗文主任就"建立以学生发展为本的新型教学关系"这一问题，从教育部部长陈宝生提出的"课堂革命要坚持回归常识、回归本分、回归初心"谈起,对教育均衡发展、学生最喜欢的学习方式、美国学生怎样学习做了分析,又对现代教育发展的弊端、学生的空心病、玻璃心、习得性无助等做了讲解。他从认知心理学的视角讲如何促进学生的全面发展,讲全面发展与人的素质构成的全人教育四要素(精神素质、情感素质、心智素质、身体素质)。所以,我们得到的教育最终本质是把学生唤醒!没有一种方法适合所有的学生,我们教育工作者就是要找到适合学生自己的学科学习方法,把学习的权利还给学生。

吴姓校长从教育哲学的高度给我们上了触及心灵的一课。吴校长那种高屋建瓴、大气磅礴、声情并茂的演讲,无处不透露着一位老教育工作者的家国情怀、民族大义。他告诉会场上所有的校长,校长是良好生命的培育者、是中华文化的传承者;做校长不要去追求"名校长",而要做"明校长";不要去跟风追逐什么"特色",首先要做好育人的"底色";不要去单纯地追逐升学率、高分数,而要更重视培养"人","德"比"才"重要,"人才"要"人"先于"才"。吴校长提出了许多教育乃至做人的哲理,如"教育就是生命影响生命""做好自己就是最好的教育""总希望别人好的人就是好人"。吴校长对教育有很多前瞻性的预判,比如"未来的课程证书将取代毕业证书",我们深以为然。从吴校长慷慨激昂的演讲中,我们触摸到了一位一心为了学生、为了教育事业呕心沥血的前辈。

三、要做就做最好的

2019 年 8 月 20 日至 22 日,我参加了即墨区教体局"不忘初心,牢记使命"主题教育暨第五届校长论坛,感触很多。

(一)专家讲座

本次论坛邀请了数位重量级的专家授课,他们分享了自己学校的管理经验、教育智慧、研究成果,高屋建瓴,引人入胜。

第一位是河北衡水中学的郗会锁校长。郗校长从任正非谈话中对衡水中学的三次提及开始,发现了名牌中学、名牌大学和名牌企业的共有本质之一,就是那种"要做就做最好的"精神和气质;提出了校长要带领全校师生具有"办学理念自信、发展方向自信、教育成果自信、学校文化自信",要"知校爱校荣校、知我爱我荣我"。他率领学校一班人提出了包括争先精神、创新精神、忧患精神、精细精神等八种鲜明的精神内在的衡中精神。关于素质教育和应试教育之争，郗会锁校长非常赞同原教育部基础教育司王文湛同志的观点："低升学率肯定不是素质教育，高升学率不一定是素质教育。"郗校长认为，立德树人，落实社会主义核心价值观，就能促进学生综合素质的提升；把学生置于真实情境中，树立正确的三观，学生有追求、有理想，高中的生活就会刻苦而不痛苦；师生有信仰，学校有力量，教育有希望。郗校长提出了大安全观、大德育观、大课程观、大考试观和大发展观，让我深深感受到他那种心系英才的教育情怀和胸怀家国的远大抱负。在学校管理的微观层面，郗校长也是毫不保留地给我们一些分享，比如"后勤不后""三一六"德育工作体系，特别是通过佩戴各种小帽子——小红帽、小黄帽、小橘帽等，让学生自我管理。郗校长认为教育的本质是"点燃、唤醒、鼓舞、激励"。这八个字对我启发很大，"感恩践行责任，实践启动梦想"。我想，衡水中学的学生和教师真是好幸福啊！

江苏洋思中学的曹伟林校长也进行了精彩的分享。曹校长从微观的实操层面将洋思中学的经典做法进行了介绍。他围绕洋思中学的发展历程娓娓道来，围绕"真、善、美"三字校训阐释了学校的办学理念、核心文化、教育品牌。洋思中学的补差奖让我非常感兴趣。我接手学校以来也有这样的想法，一直没有很好地实践，曹校长的介绍让我豁然开朗。"三清"的策略非常实用，还有"集备"的经验，可操作性非常强，新的学期我一定要借鉴实施。曹校长非常善于从学生和家长的反馈中收集信息，家长和学生对学校和教师的赞誉就是我们办好教育莫大的鼓励！

原青岛教科所姜宏德教授做了题为《家庭教育的时代选择与价值意义》的报告。姜教授从注重家庭建设、注重家庭教育、注重家风建设等方面谈了自己的研究和观点，对我们加强家校沟通、帮助家长提高家教水平等非常有帮助。新学期在这些方面我也要多思考、多实践，把姜教授的一些理论应用到实践中。青岛党校刘桂英教授做的题为《〈共产党宣言〉及其当代价值》的报告非常精彩，深入浅出、幽默风趣地把《共产党宣言》的产生及其重大影响、宣言的提纲和重要内容做了梳理和讲解，使我们了解了这一著作的来龙去脉和主要内容。这个讲座真是一堂绝佳的辅导课，听课过程中我热血沸腾，想马上细读《共产党宣言》，享受阅读经典的愉悦。

（二）校长论坛

本次会议中心论坛和分论坛有 12 位即墨区各级各类学校的校长进行了发言。这 12 位校长的发言从本单位的实际出发,分析问题,提出解决的思路和具体办法,非常有教育智慧,听了启发很大。新兴中学吴成海校长的幸福教育让我感受到了吴校长用心做有温度教育的那份追求和执着。萃英中学徐兆民校长的"追求卓越"让我特别感动,从徐校长的分享中我分明看到了他们事事"要好"、时时"要好"的特质。正是这些"要好",成就了"萃英加速度",成就了 2019 年高考多名学生考入清华、北大的好成绩。

第4章　管理随笔

　　作为一名教师、一个校长，我总是每天早早到校，走进教室、走近学生。刚入学的一年级小娃娃送给我好几个称呼：老师、校长、叔叔、大爷、爷爷、姥爷……他们无论用哪种称呼跟我问好，我都笑眯眯地说"你好！"并点头还礼。

　　我们学校的教师都很年轻，大约跟我差一代人的年龄。他们见到我都很尊重，让我这个年轻力壮的中年人早早就有了一种"长者"的感觉。我每天记录着校园里的点点滴滴、琐情碎事，偶尔回首，发现了好多的宝贝。

　　我曾经在数所学校工作过，也筹建过几所新学校。我将在其中三所学校工作过的几个片段用手记的形式做一梳理。第一所学校，是我参与筹建的一所民办学校。手记记录了筹建过程中的兴奋、迷茫和心路历程，反映了自己对新建学校的管理、文化等方面的思考。第二所学校工作手记是到即墨德馨小学挂职学习的所见、所感、所悟。德馨小学是一所名校，乔彩花校长是齐鲁名校长。融入这所名校的每一天，我都能感受到她跳动的脉搏。第三所学校是我现在做校长的青岛长江学校小学部，我来到后提出了"尝试出彩"的核心理念，倡导孩子们主动发展；提出了"千帆教育"的文化品牌，助力孩子们个性发展。这里每天都上演着丰富多彩的故事。

第 1 节　筹建新学校工作日记选

2014 年春天，我参与了一所民办学校的筹建。这对我是一个挑战，一是我从未到民办学校工作过，二是从未参与过一所学校的筹建。但是我喜欢挑战，喜欢崭新的工作。筹建工作中教学大楼、各种场地、专用教室等硬件的配备由学校举办方负责，我们要做的主要是软件方面，包括学校管理、学校文化、规章制度等。当然，我们要从教育需要的角度对场馆的布置、功能室的调配、内设配备等方面向学校举办方提出科学、适用、具有前瞻性的建议。

2014 年 5 月 8 日星期四

今天是我到新建学校参加筹建报到的第一天。

上午我在即墨市德馨小学聆听李镇西老师的学术报告。李镇西老师是我仰慕已久的教育大家。在我看来，他是出身一线的名师，是奋战在一线的校长，是行走在教育前沿的思想家。他从教育是依恋、教育是尊重等方面用讲故事、展示照片的方式娓娓道来，介绍了他对教育的理解思考、实践做法，言谈举止间充满了自信和睿智。正在听得入迷的时候，我接到了去教体局开会的紧急通知，遗憾而又无奈地离开了会场。

我来到即墨市教体局，找到李志界副局长报了到。李副局长跟我说，因工作需要，抽调我去筹建一所九年一贯制民办学校，并负责小学部的工作。他将相关的情况给我做了介绍，又亲自把我送到学校，给我介绍了先期已经到位的同事。我很高兴，因为很多同事都是故交，而且他们都是即墨教育界的名流：即墨实验学校杨蕾副校长、即墨实验二小于希敏副校长、鳌山教育办周国鹏副主任、金口中心小学韩文良校长。还有几位新认识的同事也都很热情，举手投足间我能感觉到他们对工作的热情和相互间的默契。李志界副局长组织召开了我参加的第一次班子会，通报了青岛市教育局关于民办学校的一些新文件，内容都是对民办学校利好的，大家听了很振奋。接下来李副局长布置重点的工作，主要是三件事，一是招聘教师，二是宣传，三是招生。

中午，学校举办方青岛天鸿钢构集团的吕春副总经理和新同事们留我一起吃午饭,我非常感动,但还是坚持回原单位了,因为有些事情要交接。下午,我登录天鸿钢构集团的网站时,发现学校简介处已经醒目地出现了介绍我的新内容,我心里很温暖。我感觉到了这个新团队对我的尊重,体会到了这个团队的工作效率,那种突然到新单位工作的不安和无形的压力顿时减轻了许多。

晚上,我就开始对新学校办学理念做一些思考。我走出家门,在初夏清爽的风里大踏步地走着。我一边快走,一边思考,思路开始慢慢清晰。我突然有种非常强烈的冲动,想马上投入新学校的建设中,一定要把学校办好!一定会办好!

今天,是兴奋的一天。

2014 年 5 月 9 日星期五

一大早,我就带上相机上班了。

我昨天第一次到学校,不敢相信自己的眼睛,因为这里完全不像个学校的样子。工人们正在拆一个旧厂房,整个学校就是一个工地,只有一座办公楼还稍微有点办公地点的样子。我要用相机留住这些情景,将来做校史的时候肯定能用到。另外,我要让我的老师和学生看看,不久他们将看到的美丽的校园原先是这样的!我要让他们产生一种对比,体味到工作和学校环境的美。

上午静下来,我把昨天晚上思考的内容进行了整理。我又上网查看了许多资料,特别是民办学校的一些特色做法,心里开始有了更多的底气。

我到这所新学校报到的时间晚了几天,前期学校管理层已经确定了学校的发展特色为国学和艺术教育,提出了"修身、博雅、创新、启智"的校训。于是,我先学习解读这 8 个字的校训,从中体悟学校的核心理念。我对"博雅"特别感兴趣,就着重研究了"博雅"。我觉得"博雅教育"这个名字不错,就到网上查看,结果显示早就有"博雅教育"这个名词。我顿时汗颜,感觉自己知道得太少了。我仔细阅读了一些关于博雅教育的介绍,发现其实博雅教育基本上就是我们所说的素质教育。在国外,博雅教育主要在大学实施,国内也有一些小学明确提出了博雅教育的口号,但是我发现这些学校对博雅教育的理解和实施并不是很到位。那么，我们的新学校就去努力实践博雅教育吧！虽然博雅教育不是我们首先提出来的，但是我想我和我的新同事们肯定会让它内涵更丰富、形式更新颖的。

随着自己思考的深入，我觉得有了新的收获，对"博雅"的理解正在慢慢清晰。我认为，博，主要是博爱、博学；雅，主要是雅言、雅行。我想提出"四博四雅"的理念，即博览群书、博采众长、博古通今、博大精深、谈吐文雅、举止优雅、气质高雅、品行儒雅。我针对"四博四雅"提出"小六士"评选的核心评价元素：小学士、小硕士、小博士、小雅士、小绅士、小名士。不过，在思考的过程中，我总是感觉有的地方提炼得不够，感觉没有达到自己预想的目的。我想，等学校干部、教师到位后，我一定要开一个全体人员的思想碰头会，刮一轮头脑风暴，让大家一起讨论我思考的内容，并丰富对"博雅"的理解。其实，大家一起讨论的过程就是学习的过程、思想高度融合统一的过程，也是对学校核心文化自觉接受的过程。这个过程必须要有，我要让大家通过讨论集思广益，把思想凝聚起来，把理念统一起来，自觉接受并实践这个核心的理念。

下午我把招聘教师的材料进行了整理。我们每个人都愉快地工作着，没有推诿和等待。那种主动、那种不分你我的工作状态让我的心里热乎乎的。

今天，是收获的一天。

2014 年 5 月 10 日星期六

今天，是即墨市教体局招考新教师笔试的日子。按照计划分工，我、杨蕾副校长和会计张兰老师一起去即墨 28 中考点散发招聘教师的广告。

说实话，长这么大我还是第一次干发广告这样的事。虽然新鲜，但还是感觉有些难为情。我早早来到了考点周围，发现各种办辅导班的机构已经派出了非常多的散发广告的人员。这些人员一看就那么专业、主动。我直起腰，高昂起头，很大方地把自己手中的广告发给考生和家长。有的人微微一笑接过资料，我的心里很温暖，报以微笑；有的人冷冷地接过材料，我淡淡地点头示谢；有的人断然推开拒绝，我也微笑着收回材料。我忽然想起了有人发给我广告的时候，我也这样有时候微笑，有时候冷淡，有时候拒绝。现在想想，还是微笑接过为好。你看，当你主动付出微笑的时候，你收获的可能是微笑、冷淡和拒绝，但是只要你坚持，对方总会感觉到那种礼貌和大气。我想到了我们将来对待学生和家长的时候，也许也会有这样的情景呢。但是我们要做的，就是无论家长和学生是什么样的反应，我们都应该始终是微笑的。我们要用微笑温暖每一个学生的心，我们要用微笑换来家长的理解和信任。

累了，我就坐到小桌边。我看着那些办辅导班发广告的工作人员穿梭于人流中，忽然想到公办学校教师与民办学校教师的不同。你看，这些人总是有一股子韧劲，无论接受者什么态度，他们都坚持不懈地发放；他们利用一切可能的机会，不顾有些时候的冷眼，游走于每一个能够发放广告的角落。我忽然敬佩起他们来了。其实，当我们工作搞改革的时候，何尝不会遇到类似的情况呢？我们能像他们那样淡定和坚持吗？

忽然，我从人流中看到了通济实验学校的于红花老师，我马上喊住她并给她布置了个任务，让她给我们即将招聘来的新教师讲一讲语文教学特别是生活化作文的事情。于老师是即墨名师，她在通济实验学校小学部一年级搞生活化作文实验，效果非常好。我还给她布置了另一个专题，就是让她讲讲师德方面的事。是的，一定要讲师德。我心中理想的好教师首先是师德高尚的，然后才是业务精良的。我希望教师敬业奉献，多做少说。其实学校里很多的事情是不能完全靠量化来解决的，临时性的任务、需要教师主动去干的事情太多了。靠什么凝聚教师们呢？应该是学校文化，只有学校文化才能让教师们产生高度的认同和自觉的行动。文化落实到教师行动上，师德引领是非常重要的途径。

下午我回到学校，看了一会儿《张瑞敏管理日志》，发现这是一本难得的好书。这本书里有很多海尔创业初期对企业文化的思考、对企业管理的创新。我想，现在筹建的学校正是起步的时候，可以从中汲取许多有用的东西。尽管张瑞敏是搞企业管理的，但是管理的有些核心内容和理念是相通的，可以借来为我所用。

一时间感觉到压力还是很大的。新校成立后怎样才能得到家长的认可？当然靠质量！但是家长们认可的质量也许仅仅是教学成绩，他们可能仅仅局限于关注孩子考了多少分。如果家长花高额的学费把孩子送到学校来，考试成绩却没有明显提高，那么……可是，我们不能仅仅让孩子们拼成绩，一定要引导家长从长远的角度看孩子受到的教育。明年，离这里不远的即墨山师九年一贯制学校就要启用了。如果今年我们创建的这所民办学校得不到家长认可，将直接影响学校的生存。所以，我们必须要在很短的时间内创出品牌、提高声誉！

我真想跟家长们说，相信我们吧，给我们六年的时间，还你一个天使。我们要让每个孩子有一个健康的身体、一双明亮的眼睛；我们要帮每个孩子养成受用一生的好习惯，获得幸福人生所有重要的元素……

今天，是思考的一天。

2014 年 5 月 11 日 星期日

今天我陪儿子参加重点高中音乐特长生选拔。工作人员很是公正认真，任何家长都不让进入校内。家长们感觉这样比较公平。

陪考的家长很多，大家普遍很焦虑，相互说着安慰的话。我忽然感觉到教育的无奈了！你看，即墨市中小学每一年级有大约 12000 名学生，能考上重点高中的也就 3000 多人；而考入重点高中的学生经过三年拼搏也不能全部考上一本大学。我们的孩子从幼儿园开始，经过学习、竞争，层层地选拔，到最后只有前 20% 左右的学生能考入不错的大学，成为家长们心中的"好学生"。其实我们放眼望去，身边的成功人士当年在学生时代往往并不突出，很多没有进入这个前 20%。

我想起昨天看到的一篇文章，是一位家长写的。他说孩子从上小学第一天起，他就懵了。他一直教育孩子成为真实、有个性的自己，但是一入校开始，孩子的一切都被要求成"标准化"了，甚至连包个书皮都被教师要求为统一的样式、统一的颜色。家长非常担心，六年后，学校能还给他一个他自己的孩子吗？我很理解这个家长。从夸美纽斯的班级授课制普及以来，有多少的班级、学校在如工厂生产标准件一样进行着规范化、标准化管理。教育应该是"一棵树触碰另一棵树，一朵云推开另一朵云，一个灵魂影响另一个灵魂"的人的教育，不是物的生产。我想到了北京十一学校李希贵校长写的《学校管理沉思录》，那里面有很多李校长关于个性化教育的案例。我很钦佩他。

我看着眼前的这些考艺术的孩子,陷入沉思。这些孩子里,有几个是真正喜欢弹琴唱歌的呢?忘记谁说过一句话:"练琴的孩子没有童年。"也许这话有些绝对,但各种因素的背后,不知多少孩子缺失了童年的快乐和自由。

在我们新建的学校里,我能做些什么呢?我想,理念必须先行,学校核心文化的引领太重要了。我又感觉有些浑身发热了,我将带领教师们一起来实施博雅教育!我们的博雅教育能够让孩子们成为他们自己吗?

怎么有效实施博雅教育呢?我想,博雅教育可以分为三个阶段来实施。第一阶段是"理念认同",就是让教师们认同博雅教育,通过课堂、活动去实践;让孩子们了解博雅教育,在博雅教育中提高涵养;让家长们接受博雅教育,看到充满个性博雅的孩子。这个是理念推广和普及的阶段,让大家都以成为博雅的人而自豪。第二阶段是"试一试,我能行",就是让每个孩子在博雅教育的理念下,进行大胆尝试,自主学习,互帮互助,竞争合作。教师大胆放手,让孩子们试一试能不能自己学、自己做、自己想、自己提出问题,尝试探究。第三阶段是"创新启智",就是让学生展示全新的自己,展示自己的创造性,培养自己的个性,带动周围的人成为博雅的人。博雅应该还有博雅教师和博雅家长的要求。把这些内容都做足了,博雅的内容就丰富了。

今天我看到一条新闻,习近平总书记到兰考参加民主生活会,兰考县委书记王新军对自己做了深刻批评:一是作风武断,别人意见没听完就拍桌子,"让人见了就怵,被骂得晚上睡不着";二是遇事先定调,日久不免一言堂;三是大包大揽,事无巨细都管,让其他领导无所适从。我想,我一定要记住这三条教训,充分发挥民主,一定要听到、听完教师们最真实的话、最有创意的话,一定要让教师们在充分表达自己想法的基础上,我再把我的想法提出来,大家一起研讨后做决策。

2014 年 5 月 12 日星期一

早晨调换办公室。因为我报到来得晚,学校安排我临时和于希敏副校长一个办公室。今天本来是要我调到新办公室的,结果于希敏副校长觉得新办公室有点远,而现在这间办公室和杨蕾副校长办公室离得近些,我和杨副校长有事商量方便些,坚持自己搬出去。我心里很感动,于副校长这种一切从方便工作出发的精神让我心里热乎乎的。这个细节让我想到,将来的班子会上、教师会上我一定要讲,一切从工作出发考虑问题、做事情是永远值得提倡和尊重的。

上午我回龙山办事处去跟党工委书记和主任辞行,两位领导说了好多鼓励的话,我的心里很感动。办事处分管教育的毛恩玲副主任、教育办卢民世主任等领导也肯定了我在龙山教育办的工作,祝我在新的工作岗位取得新成绩。我感谢在龙山教育办各位同事给我工作上的支持,我感谢所有关心我、支持我的朋友、老师和领导,我也希望所有的领导、朋友关心我们新建学校的发展。

下午研究了招生的事。我希望第一批招收的学生能够少而精,虽然所有的学生我们应该一视同仁,但是学生是有差距的,这是客观存在的。家长的想法和社会的认可目前很大程度上还是停留在学生的成绩上,所以我们必须要首先把教学成绩提上去。但是,我始终坚持学生的健康是第一位的。我真想让所有的人都认识到,一个学生的成长和发展首先是健康,我希望每个学生小学毕业时都有一双明亮的眼睛、一个健康的体魄。我想应该把体质健康标准和视力不良率作为评价一个班级、级部的重要指标之一。

我脑子里还有很多很多的事在考虑:干部、教师、课程等。我特别希望从一年级开始开设英语课,我希望上午的课间操时段能够再长一点,我希望根据课程特点设置长短课时,我希望学生能自己选择喜欢的课程……

现在这个学校还没有成型。我拿着相机记录着它的成长。没有教师,没有学生,我真的还没有一点点当校长的感觉,没有角色意识。

我想,当学生来到学校的时候,我应该每天都和他们一起迎接每一个黎明的到来,陪伴他们欣赏每一次落日的余晖。我想,当学生毕业的时候,他们能够舍不得离开学校,能够依恋他们的老师、同学和这个学校的一草一木,那么,我就可以自豪地说,我们的教育是成功的。

今天是感动的一天。

2014 年 5 月 14 日星期三

昨天傍晚我去李永健老师的国学馆参观,同馆主刘素云老师进行了交流,感觉收获很大,对国学的认识又丰富了许多。后来,我又跟李永健、徐立群老师围绕对国学的认识这个话题交流到凌晨 1 点多。我们谈得兴致很高,对国学的理解大家也各有不同的角度。

现在一提国学,一般人想到的就是经典著作 —— 四书五经、唐诗宋词。我觉得国学是个非常大的概念,应该是我们博雅教育的重要内容和支撑。我想,传统的博雅教育,无论是古希腊的七艺(所谓七艺,包括三艺和四艺,前者指语法学、修辞学和逻辑学,后者包括算术、几何、音乐和天文学),还是儒家的六艺(礼、乐、射、御、书、数),都已经不能涵盖对现代博雅教育的理解了。国学应该包括许多内容,比如琴棋书画、舞蹈武术、经典诵读、京剧国粹。

今天下班时,在学校门口看到一个小姑娘在路边等车,我知道她是来报名的小老师,就打招呼问需不需要捎她一段。本以为她会拒绝,没想到她很大方地说,她是城阳的,往流亭立交桥方向走,我能不能把她送到即青快客站点。我有点意外于她的坦率,转而又想,这多好啊!我们新建学校将来的人际关系就应该是这么简单、坦率的。我微笑着说,正好我也路过即青快客的站点。其实我也正好想从侧面了解一下这些新教师对学校招聘教师的一些看法,同时让她提前感受一下这个学校的同事那种家人一样的感觉。谈话中得知她是山东大学毕业的,已经参加了城阳区事业编教师的招考。我想,我们登记的报名者中估计有很多这样的情况,看来招聘教师是个很重要的问题,能不能聘到高质量的新教师将直接决定教学的质量。

晚上,我又思考干部的分工和社团的设立情况。现在我有几个合适的人选目标了,跟他们也进行了个别的交流,很不错。我想象着他们工作的状况,每次想都浑身发热,为即将实施我的教育理想带来的兴奋和愉悦感动着。我忽然又想到了教学质量的问题。家长们关注的估计还是简单的成绩,如果我们每天下午都搞社团活动,会不会影响学科教学成绩呢?我应该去即墨实验二小看看艺术团的课程设置方案。青岛市区的小学每周都有两个下午是不上课的,应该多去青岛市区的小学名校了解一下他们的课程设置。我们开学后晚上还有晚自习，在教学时间的保证上是没有问题的。晚自习让学生干什么？要去通济实验学校和长江学校小学部调研一下。

对了，我要在家长会上讲我们的办学理念，让家长们认同我们的理念。要让所有的家长明确："家长天天学习，孩子天天进步。"家长希望孩子接受更优质的教育，但是，不能以为只要付出金钱就可以了。要让家长们都知道，学校教育只是孩子成长中重要的一环，教师只能陪伴孩子一段时间；家庭教育在孩子成长中无可替代，家长才是孩子最长久的陪伴。所以，家长在孩子教育中最重要，不要觉得孩子送入民办寄宿学校就不用管孩子了，一切都交给学校了。这个观点是极其错误的，必须跟家长讲，让他们明白。

接到后勤处会计张兰老师的通知，明天开会，要求每个人总结一下上个双周的工作，对下个双周的事情进行一下规划。有事情干着，真好；有激情思考，真好。

今天是畅想的一天。

2014年5月15日星期四

早晨，我阅读了北京市通州区玉桥小学和浙江省金华市柳湖小学的博雅教育实践材料，感觉比较好。这两所学校对博雅教育都有自己比较独到的认识，他们对博雅教育的理解我非常认同。通过查资料我了解到，中国内地以外的地方实施博雅教育的大多是高校，如我国香港的岭南大学、美国的哈佛大学和斯坦福大学，小学实施博雅教育的并不多。我认为，大学搞博雅教育固然有他们的优势，但我们小学搞博雅教育也有自己的特点。我们小学可以用培养未来大学生的长远眼光培养我们的学生；我们可以从大学进行博雅教育的实践中汲取经验和教训。

我觉得，其实博雅教育也是我国古代教育的重要内容，只不过是古希腊提出博雅的概念比较早。我们今天要实践的博雅教育当然不是古代博雅教育的简单复制，而是要赋予它新意，赋予它现代内涵。我们的学校推出博雅教育，将突出国学和艺术教育特色。我们要准确定位对博雅教育的理解，做好传承和创新。博雅教育的两个核心理念，即"博爱博学"和

"雅言雅行"，是我们独有的认识。我们将提出博雅教育实施的三个阶段，即通识博雅、尝试博雅、创智博雅；我们将创新"四博四雅"的具体培养目标，即博览群书、博采众长、博古通今、博大精深、谈吐文雅、举止优雅、气质高雅、品行儒雅；我们将改革评价制度，推出创智之星"6+1"评选的具体模式，评出"博雅小六士"和"创智小明星"。孩子们可以通过多个方面的表现获得"小学士、小硕士、小博士、小雅士、小绅士、小名士"称号。当他们具备一项或几项称号时，就可以申请评为"博雅明星"。

我看到过有些学校以"让学生每天进步一点点"为办学宗旨。"每天进步一点点"是山东寿光新世纪小学刘玉祥校长最先提出的办学理念。先进的办学理念都是相同的，都是促进学生和谐发展、促进学生主动竞争合作并且适应时代特征的，只是实现这些理念的路径和方式不同，但本质上可以说都是殊途同归。博雅教育同样如此，需要我们有足够的信心坚定地执行下去。

我认为，作为一名小学校长，必须保持教育思想的领先，千万别在具体的事务中迷失了方向，纠缠在一些琐碎无聊的事件中。校长要引领思想，要保持高度的清醒，要善于敏锐发现和及时处理出现在地平线上的问题。校长要引领干部和教师进行深度的思考，要以思想统一大家的认识；要以行动、实践和反思提升自己的理念。校长要在实践中提升理论，在理论指导下去实践。

下午，李志界副局长召开了学校双周工作会，回顾两周来的工作，就下个双周的重点工作进行了布置。同事们在会议中相互补充，提出建议，使我们的双周计划更为周到。我对我们的团队更加充满了信心。

今天是激动的一天。

第2节　在即墨德馨小学工作日记选（一）

即墨德馨小学是一所名校,校长乔彩花是齐鲁名校长。能够进入这所名校工作,我非常兴奋。我要认认真真地学习,提高自己;我要记录在德馨小学工作的每一天,记录自己成长的轨迹。初到德馨,我感受最深的就是细节!都说细节决定成败,德馨小学的细节体现在学校管理上,体现在教学研究上,体现在人文关怀上。我感受到了乔彩花校长那种举重若轻的大气,也体会到了各位副校长和其他领导干部、教师那种举轻若重的扎实和细腻。

2014 年 8 月 25 日星期一

今天是正式到即墨德馨小学报到的日子,我很兴奋。

今天也是全体教师结束暑假返校的第一天。我到学校的时候,教师们正在参加全体教职工大会。总务处李珍玉主任值班,负责接待新调入的同事。李主任是我好多年不见的老同事、老大姐,她很热情地接待了我。我看到她的办公桌上放着一张教师返校周的工作安排,很详细。不多久,外面又有很多新面孔也陆续到来了,我知道这里面大多是新报到的教师,也有想转来上学的学生和陪同的家长。

全体教职工大会结束了,乔彩花校长很热情地接待了我们,对我们的到来表示欢迎。她把我的工作分工进行了简单的介绍。我知道这是学习的好机会,我向乔校长保证,一定会努力工作,做出新成绩。

走出接待室,我又碰到许多熟悉的面孔。副校长王波、姜爱丽、孙丁玉和工会主席王树信等许多领导和老师都热情地跟我打着招呼,我也很高兴有这么多熟悉的新同事。

下午,乔校长和姜爱丽副校长来到我的办公室。乔校长打量着房间,说应该配备一点办公设施。我很是感激,请她坐下,就接下来工作的事情和我自己的想法跟她推心置腹地谈了谈。乔校长是个非常细心的大姐,也非常关心我的发展,对我提出了殷切期望,并且希望我能多参加德馨小学的科学等学科教学会议,我很高兴地答应了。我跟姜爱丽副校长说,教学工作的会一定要通知我一下,有什么教研活动一定要叫上我一起去。

乔校长又跟我交流了一会儿，她说目前最重要的是抓常规，抓细抓实常规就是抓好安全——安全第一，太重要了。这么大的学校，没有好的常规是不可想象的。我很赞同。

2014 年 9 月 2 日星期二

秋雨下得很大，一天都没有停。

早晨，在学校门口，我碰到了一对父子。儿子看起来也就三、四年级的样子，哭得不行了，不愿意进学校。父亲很恼火地说："你看人家级部主任和老师都在那看着你呢！"孩子狠命往后弓着身子，不愿意走入上学的队伍中。父亲越来越没有耐心，吼声开始高起来了……正巧又一对父子走到门口了，儿子拼命地推开父亲的双手，口里说："老师不让送。"我知道学校有规定不允许家长送孩子超过家长止步线。但是，这个家长依然试图牵着孩子的手，口里不停地说："老师看不到，老师看不到。"唉，真是可怜天下父母心啊。

孩子不愿意上学，肯定有不愿意上学的原因。我猜第一个孩子肯定是新转入德馨小学的，因为他没有穿德馨小学的校服，从衣着和言谈判断可能是从乡镇刚搬家到城里来的。其实这个父亲为何不耐心一些呢！要知道孩子熟悉新朋友、新老师、新环境是有个过程的，家长烦躁无助于解决问题。后一对父子很有意思，孩子是多么守纪律，多么听从老师的话啊，这本来是件好事情，但是父亲就是不放心，而且不自觉地引导孩子跟老师捉迷藏，这有什么好处吗？看来，家长对孩子的教育需要引导，学校对家庭教育的培训真是非常重要啊。

早晨，孙丁玉副校长过来喊我到接待室开会。我不知道会议什么内容，也没有准备，拿起笔和本子赶紧去参加。乔彩花校长召集了校级领导开会。会议主要对开学第一天的工作进行了点评。我很佩服乔校长的洞察力，现在想起来昨天没有看到她在办公室是因为她一直在校园里巡查。她指出了级部管理中存在的问题，点出了四年级最弱，护导教师不到位，课间有个别班主任到办公室去喝水；她点出了学科教学中存在的问题，指出有的学科教师没有严格按照要求进行常规训练，特别是体育和美术课，甚至直接指出了一个新体育教师、一个新美术教师的常规不够好；她指出备课组存在的问题,认为综合组比较弱;她指出安全教育存在问题,有的班主任并没有和学生详细交代安全事宜,跟家长签订的责任书不齐;她指出建筑垃圾和杂草处理问题,表扬了参加劳动的教师和学生,并指出跟建筑方结算时要扣除垃圾清运费……每指出一个问题必然是有具体的例子,感觉非常扎实。

有些问题,分管的副校长做了说明,也谈了下一步立即整改的措施。会议很短,很快结束,大家各自散开忙去了。

我读了一会儿书,到窗前一站,正好看到乔校长冒着雨又到校园里巡查去了。我心里真是感动,一种敬意涌上心头;不久又看到两个保安,手持钢叉在校园巡逻,感觉非常好。这里的管理真是很到位。

2014年9月3日星期三

今天是一年级孩子入校的日子。昨天,学校保卫科高刚毅科长就一年级入学的安全工作跟王波副校长进行了汇报,级部主任刘仁玲老师也来汇报一年级的准备工作。我一边听一边感叹他们工作的细致,每一项事情都有预案,都有具体的责任人来落实和监督。

8点左右,家长带领孩子们入校了。还好,在家长的手牵手中,在教师们的指导下,24个班级的小孩子们按照红色、黄色不同的标线进入教室了。每个教室都是满满的家长和孩子,每个孩子的桌子上都是自制的带着自己姓名的桌牌。这些桌牌有的是家长和孩子共同制作的,有的是家长精心打印的,各具特色,形成一道亮丽的风景。家长们在教室后面站着,不自觉地歪头看着自己的宝贝上学第一天第一课的表现,那种期待和慈爱写满微笑的面容。

中午放学的时候我特意去一年级看看。在教师们的组织下,孩子们排着队,整齐地走着,一直走到校外贴有自己班级标志的大树下,等待来接的家长。有几个孩子找不到家长,教师很耐心地先领回来了。

下午班主任就领着孩子们练习队列队形了。一年级的教师们真不容易,她们给孩子们编了口诀:"小手——甩起来,嗨!嗨!嗨!""胸脯——挺起来,嗨!嗨!嗨!"看着这群天真的孩子,所有的大人都感到忍俊不禁。多么充满活力的校园啊!

今天总务处的张老师给我拉上了电话、弄好了电源线,管微机的黄老师给我调好了网络。我很感激他们,特别是张老师,那么大年龄,天又热,很不容易。张老师干活非常追求完美,给我拉的所有的线都用钢钉固定住,整整齐齐,让我很是感动。如果我们所有人的工作都如张老师这样该多好啊。应该向张老师学习。

2014 年 9 月 4 日星期四

今天一大早就请了假带表弟的孩子去即墨市第一职业中专入学。并不是我非要去带孩子入学,而是我想去看看即墨一职专的新生入校组织工作。与想象中一样,门口车辆非常多,家长也很多。校门里升旗广场前,左右排满帐篷,都是联通、电信赞助的,热热闹闹,虽然给人一种非常商业的气息,但是与职业学校的特点很搭调。每顶帐篷外都摆满了新生专业和班级的标志牌,里面是四五个往届的学生志愿者。学生志愿者们很热情,给新生介绍报名的流程和教室的位置等。我们根据引导路线来到教室,班主任很客气地给我们介绍了今天的日程安排、缴费说明等并请一个学生志愿者带我们去了宿舍。宿舍是北向的,4 张空空的上下床,住宿条件还不错。职业学校的学生大了,比小学生能做更多的事。许多的工作学生志愿者就承担了,学生的自主性得到了锻炼,而且,那种做事尽心的责任感、待人接物的熟练让家长和新生都感到很温馨。

我很顺利地帮助表弟的孩子办完入学,抓紧时间回到德馨小学上班。

窗外传来一年级班主任训练孩子们常规的声音,孩子们稚嫩而又认真响亮的口号声此起彼伏,这才是幸福的学校!

中午放学的时候碰到了以前教过的学生李竹安的爸爸来接小女儿李璇。李大哥很高兴也很意外碰到我。我说我现在调到德馨小学工作了,就在这里办公,以后如果没有空接李璇就让她到我办公室学习。李大哥摆了摆手说,再忙也要坚持来接孩子,在接送孩子的过程中可以和孩子进行交流,了解孩子在学校里遇到的高兴的事,和孩子说说话等。我觉得他真是个家庭教育的高手。是啊,他的生意其实很忙,但为了孩子的发展他宁可放下手头的生意不做,这是对孩子成长多么负责任的家长啊。他接送孩子有着很强的目的性,就是跟孩子加强交流,引导孩子把高兴和不如意的事情说一说，及时准确把握孩子的情况，把一些问题解决在萌芽状态中。真是个有思想、有责任心的家长！怪不得他的大儿子李竹安发展得那么好，山东大学毕业后又被保送进南京大学硕博连读了！如果所有的家长都能像李大哥这样，那我们的学校教育就更有力量了！

下午，即墨教体局江黎明局长到学校调研。他仔细看了看新教学楼的启用情况，又四处转了校园看了开学的情况，听了学校的简要汇报，对德馨小学开学工作非常满意，高度评价。

今天我把《做一个优秀的小学数学教师》看完了。16位小学数学特级教师的故事和他们教学中的核心理念感动着我。有很多精彩的语句让我大饱眼福，振聋发聩。我作了一点记录，以便日后反复揣摩。

2014 年 9 月 9 日 星期二

上午 8 点 50 分，即墨市委组织部部长王宝善、教体局副局长李志界等领导来到学校走访慰问教师。领导们代表市委市政府祝贺教师节，并带来了送给教师的礼物——图书。

领导们视察了学校校园，听取了乔校长的介绍，很满意，对学校规模太大、管理难度太大等也提出了一些建议和要求。王部长向教师们表示节日的祝贺，并希望德馨小学继续努力，办成青岛市名校。

虽然领导们没有提前打招呼就到学校了，但是整个活动的过程中，我看到所有相关人员的工作有序、到位、高效。高刚毅科长很快调整好了电子屏，打上了"热烈庆祝第30个教师节"的字幕；王波副校长等几位领导、教师都已经分头巡查校园，把领导对教师们的关心及时发到了QQ群里；微机教师负责全程跟着照相、录像，很是专业。

今天早晨正好有机会与刘军老师进行了交流。她之前在龙山教育办、实验一小工作过，说起在德馨小学工作，她觉得心里很舒畅。我问她德馨小学工作的特点，她说累但很充实。德馨小学的活动很多，但是这些活动都是基于学生的发展，所以教师们尽管很忙很累但觉得干的是实实在在的活。德馨小学很尊重教师，很少突然检查教师的出勤——其实根本不用检查，教师要认真完成的工作已经很多了，每件事都要干好，出勤自然很好。德馨小学接待的上级的视察、检查很多，在众多的活动中，教师们、学生们也养成了习惯，几乎每天都要用常态——其实已经是最好的状态迎接各方来客。德馨小学讲究团队评价，特别是在学科教学评价中，要求班级学科平均成绩拉开的分差在 4 分之内。这样就使每个年级学科组的成员要学会互相帮助，以老带新，不迷信权威，不搞单兵独战，新加入的教师很快就会融入群体。特别是在业务成长上，如果你不赶紧进步就会拖大家的后腿，所以，你自己有责任赶紧进步，其他人也会自觉帮你进步。对待成绩和荣誉，大家看得比较理性，比如跳绳比赛、教学成绩，都要看群体的力量。个人英雄主义的那种过度竞争的感觉没有了，大家反而会随时审视自己的教育行为是不是一切为了孩子的良好发展、一切为了团队的发展。德馨小学有很好的管理文化，校长从来不当面训斥教师。校长巡视中发现了问题主要去找分管领导和相关的中层，分管领导和中层再从管理的角度去加强管理创新，严格要求。这一点值得学习。在每个领域，校长都不会是顶尖的专家，我自始至终这样认为。当校长就要像刘邦那样，虽然不如韩信会带兵，但一定要善于带将。其实每一个中层干部也应该明白，在某个小的领域，只有亲自用心做的人才是真正的专家。当然，因为视角的原因，具体做事的人可能看不到整体和局部的关系，可能不善于从一个更高的层次看到自己工作的不足，这些是需要指导的。

下午，我与王波副校长进行了交流。王副校长很忙，他每天的日程安排得满满的。从交流中我感悟到德馨小学的每个人都像一架精密仪器中的一个轮轴，忙碌而有序地运转。是啊，在这架精密的仪器中，只有每个人都尽到自己应尽的责任，做好自己的本职工作，仪器才会更好地运转。比如，上午王部长来走访慰问教师后，王副校长就带领级部主任又巡视了一遍校园，让级部主任看看这就是领导刚才走访过的路线，找找不足，看看优点，取长补短，提出要求，这工作多么细腻、有针对性啊！有这样的管理机制、这样敬业的领导，工作想做不好都难！

2014 年 9 月 10 日星期三

今天是我国第 30 个教师节。秋高气爽，金菊怒放，真是个好日子。

早晨上班的心情非常好，路上不停地碰到上学的孩子和家长。德馨小学这么大的规模，校园里却很安静，孩子们静悄悄地走路，我真是佩服。

一年级的孩子虽然刚入校没有几天，但走在路上也非常有序、安静。我想起了昨天早上，一个孩子来得晚一点了，家长送进了门里，在门外大声提醒孩子："快点走！"孩子却摆摆手轻轻地回道："老师说快走容易摔倒，不让快走。"我在一边听着，忍俊不禁。多么好的家长，多么好的孩子！

我在校园里转了一圈，看到孩子们在打扫卫生。碰到了王丽丽主任，我问："王主任，卫生区是不是以级部为单位划分大块？"王主任笑着说："是啊，分到级部，级部进行管理。"原来，德馨小学实行级部管理，学校只负责大的管理模块分工，具体的细节都由级部主任带领教师们去完成。

上午，乔校长过来看了看我，关心我的工作和学习情况，又特意讨论了学校南门开门的事宜。我觉得她的考虑是认真的，也是必需的。是的，如果开南门，会给从南边来上学的孩子很大的方便，但是南门前面的路还没有完全开通，而且南门周边的车辆比较多。乔校长比较担心学生安全，我很理解。

下午，听着非常温馨的上下课音乐铃声，我想起了路上碰到的家长和孩子。早晨上班时碰到的是一个母亲和一个女儿，女儿是三年级的，母亲很不满地训斥着说："你都三年级了，你应该有担当了。早晨这么忙，妈妈洗脸的时候你应该把餐桌上的盘碗收拾一下。"女儿一声不吭，紧绷着脸一直往前走。中午下班时碰到的是一个奶奶和一个孙女，奶奶手里拿着一张纸，上面显然是孙女的画，孙女应该是二年级的小学生。奶奶问："这是你画的啊？这么好啊！老师表扬你了没有？"孙女非常骄傲地说："是我画的，老师表扬我了。"孙女一边说，一边蹦蹦跳跳地向前走着，那种幸福和自豪溢于言表。我不由得想，家长们对孩子的教育真的是不同啊。第一个家长发泄出了自己的不满，虽然也给了孩子正确的引导，但是结果会怎么样呢？我估计孩子半天都没有个好心情。我们都希望得到别人的肯定和表扬，在受到批评的时候会不自觉地反感。我想这个孩子即使回家主动地洗碗，她也会对碗盘有着莫名的厌恶。其实这个母亲倒不如学学那个奶奶，抓住哪一天孩子主动干家务的有利时机，不吝言辞地赞美她几句，估计她肯定会非常主动地去干家务了，而且以之为幸福。你看那个奶奶，真是个教育大师，她的引导很美妙，她会让她的孙女感觉上学是件多么开心的事情啊，放学了都沉浸在幸福中。我估计如果孩子说老师没有表扬她,奶奶也会表扬她,并且告诉孩子老师肯定也在心里表扬她了,孩子睡梦中都会美美地笑。

有句话说,你想让孩子成为什么样的人,你就说孩子是什么样的人,真是非常有道理。

2014 年 9 月 11 日星期四

早晨,我早早就到校了。我特意去学校南门看了看,发现如果开南门入校,可以很明显地减轻北门口附近文化路的交通压力,对从南门入校的孩子和家长来说也非常方便省事。只要组织得力,应该没有什么问题。我把我的意见跟王波副校长谈了谈。

上午,我跟姜爱丽副校长一起巡查了教学常规情况,先后巡查了两遍。第一遍是每个教室走走,看看教学常规、学习常规情况,第二遍是巡查综合学科的上课情况。总体上看,运行很好;有个别的建议也与姜爱丽副校长进行了沟通。我学到了几点:一是错时进行大课间;二是大课间学生都有事做,有的拍篮球,有的垫排球,有的跳短绳,在教师组织下进行活动;三是音乐、美术等专业课教师第一、二节课时间集备或练专业基本功;四是下午每节课只有 30 分钟,第三节课全部进行文体活动;五是体育、微机等课班主任负责组织好队伍,任课教师到教室带队;六是开学第一、第二周进行教学常规、行为常规训练,磨刀不误砍柴工;七是大力实施级部主任负责制,配齐德育教研组长和学科教研组长,德育教研组长协助级部主任抓好级部学生管理,学科教研组长和备课组长在学科主任带领下抓课堂教学、集体备课,新到岗的学科教师如数学教师,只教一个班,第一节课跟着老教师听课,第二节课才自己上课,备课组长跟踪指导;八是每个楼层课间都有护导教师,每个班级都有课间值日生,楼层有楼层值日生维持秩序;九是布置的工作必须有检查有落实,件件有回音、有反馈;十是部门之间协调共事,放眼大局,做好局部,如全市运动会需要学校排练绳操,负责的江朝晖副校长与分管教学的姜爱丽副校长马上进行协调,调课训练,运动会后补课。

中午,我去看了二、三年级的书法课,很明显,两个级部都进行了集备,授课内容一样,教案也应该一样。教体局艺术教研室编写的教材非常好，特别是配备了光盘，一下子解决了许多老师范写不美观的不足。巡视中也发现个别的教师驾驭教案的能力不够，使用光盘也不到位，但是有的教师就创造性地使用了教案，并且有自己的创新，如二年级一个教师给学生讲如何用方格本写字时就总结了小口诀："上留天，下留地，左右留缝隙。"口诀很是简洁易懂。还有的教师给执笔姿势也编了顺口溜，易学易记，非常实用。

中午的时候四至六年级的学生在演练升旗仪式站位。我这才知道，因为场地的限制，学校把所有的人员分两部分参加现场的升旗仪式。单周一、二、三年级，双周四、五、六年级到场地升旗，其他的就在教室参加升旗仪式。

大课间学校要求教师们迅速带学生出教室活动，让学生们多进行室外活动，多晒晒太阳、吹吹自然风。我很赞同这些做法，以人为本就要体现在这些细节上，就是要从学生需要的角度关心他们。

按照惯例，今天下午将开学校的双周会，明天是级部会。级部会上级部主任要总结级部工作、布置学校工作。这两个会都很重要，我一定要参加好。还有，下周我打算到一个级部蹲点，深入学习。

2014 年 9 月 12 日星期五

昨天下午的会议开得很晚，但是收获很大，现在回顾一下。

会议分为三个基本部分：第一部分是典型发言，王伟克老师作为级部主任的代表发言，丁华老师作为学科组长的代表发言；第二部分是每人就分管工作和巡视工作发现的问题、想到的措施进行简单交流；第三部分是乔校长的总结发言。应该说会议的效率很高、内容很充实、发言很精彩。我通过这个会议开始接触到德馨小学学校文化真正的肌肤了：所有的发言中都体现着主动、创新、成长、引领等关键词；每个人的发言都有观点、有事例、有具体人、有改进的措施，体现了"求实"即是"创新"的本年度工作理念。有几点让我心里很感动，记录一下。

王伟克老师：级部事项通过群体研究制定标准；级部事项自主认领；学生编号使统计等工作变得简单。

丁华老师：前四周关注扎实的板块教学，然后再关注完整的课堂；先确定骨干教师,树标立范,为新教师指明学习的方向;小组学习培训,选级部最好的进行示范,每个班级选一个最好的进行学习,回到班级进行传递;语文学科加强背全书,学生作文积累成校本教材;每个年级把语文课文分为精讲和略讲两类,略讲课文以检测为主,精讲课文以展示为主,注重读演议测。

乔校长:在对孩子的教育中,理念要领先。不以教师的权威压服学生,要以先进的理念说服学生,以多样的方法引导学生,以真挚的爱心打动学生。出现问题的时候,也正是我们需要研究课题的时候;当我们埋怨学生的时候,恰恰是我们方法不够的时候;不要让我们的学生臣服于老师,而是要让学生真正感觉到你设身处地地帮助他成长,让他主动地成长。

在一些具体事项上,看得出乔校长做了大量的调查和研究。她举了很多例子,比如有个班级有个"特殊"的学生,教师说管不了。她和这个教师交流了一下,很快就让教师认识到不是管不了,而是教师的理念不够新,方法不够多;比如有些学生放学路队在校内很好,一出大门就疯跑,这说明我们教育效果延伸性不够;比如在走廊里闻到洗手间有很大的异味,她到洗手间里发现原来是有的学生便后不冲厕所,发现问题后让学生去冲,结果学生不愿意,敏锐地意识到这也是我们教育的缺失;比如每到一个班级都要看看学生的作业本,看看书写的态度问题,写得好不好是个水平问题,写得认真不认真就是个态度问题,是能反映教师对学生习惯的要求是不是严格到位的问题;比如教师在课堂上进行个别指导时,其他学生怎么组织,教师讲课时能不能关注到所有的学生、具体到每个学生;比如学生的执笔姿势,怎么强调,怎么纠正;比如有些学科教学常规不好,有的教师上课需要加大指导,如品德与社会学科的教学等;比如到楼层发现护导教师不到位;比如如何形成教育合力,音乐、体育、美术、微机课任课教师和班主任都要各司其职又相互配合,各学科、各部门都要相互配合,形成教育合力,提高育人实效等。

总的来说,这个会议让我感觉有些震撼,效果很好。乔校长总结中有两句话很有意思。第一句是开场白,很幽默:"大家说了这么多,看来当个校长真好:你们做了这么多,校长只挑毛病就行了。"第二句是:"看来大家都认真巡查和总结了,说话有内容。"

　　今天下午，我参加了三年级的级部会议。会上王伟克主任详细传达了学校双周工作会议的内容，认真总结了本级部两周来的工作，重点对推门听课、班会课等进行了点评，表扬了典型，点出了问题，提出了要求。王主任又分享了两个小案例，对一些具体事进行了布置，比如更换了传达和保安，要求教师们走西门；通报了市纪委查出某乡镇工作人员酒驾问题，严格禁止中午饮酒。会议比较成功，教师们听得很认真。

　　我想，学校的会议一定要有效果，如果仅仅是为了开会而开会，为了传达文件而开会，没有针对性和目的性，那这些会就没有任何价值。德馨小学的会议无论是校级的会议还是级部的会议，都是聚焦问题，以问题为导向，以服务学生为宗旨，以提高教育教学质量为目的，有极强的引导性和必要性，这样的会才有价值。

第 3 节　在即墨德馨小学工作日记选（二）

什么是创新？乔彩花校长说，求实就是创新。我非常赞同她的看法。魏书生老师、李镇西老师都曾经说过，教育哪有那么多的创新，踏踏实实把一件件事情做好就是创新，一件比一件做得扎实、效果好就是最大的创新。我特别愿意参加德馨小学的各种会议。这些会议有关于学校教学教研的，有关于级部管理细节的，有关于学校双周行政的，所有的会议里到处是创新的影子。乔校长像是德馨小学的一张创新名牌，是全学校最受尊敬的人，我也从干部和教师的眼里来读一读乔校长。

2014 年 9 月 16 日星期二

今天是德馨小学第一次开学校南门的尝试。乔校长早早就到了南门，校领导除姜爱丽副校长在北门值班外全部靠在了南门，我很是羡慕领导班子的齐心和合作。当然，大多数的校领导兼任级部主任，所以，实际上是所有的级部主任也都到齐了。这就是德馨小学的干部，让人深切体会到关键时候站在关键位置干关键的活。

学校带班领导、护导教师、保安等一切都到位了，学生们开始入校了。学生们按照教师布置的路线，有序排队入校；进入校门后，自觉按规定的路线进教学楼、入教室。一切都像已经演练了好几遍一样，学生们很快就走上了正轨。门口的家长们纷纷感慨："老师们教得好，学生们有秩序，学校开南门真好，学生们上学更方便了。"

今天，青岛教育局教研室英语教研员孙泓老师到德馨小学听课。她带着几位即将参加山东省讲课比赛的选手来试讲，聘请了一位外籍教师来指导。我真是恨自己英语水平低下，看到英语教师们和外教自如地交流，特别羡慕。

我听了两节课，也听不太懂。对话连猜带蒙只能明白个大体意思。孩子们的表现真好，课堂上都能很好地和教师交流。我没有研究过英语课。可能是因为要研讨的原因吧，有几位教师的课太过拖堂。因为按照要求只上 30 分钟，我听的两节都超时了。我跟分管英语教学的王伟克主任说，让她把孙泓老师的评课和外教的指导给我翻译一下。我想，英语学科教研也应该多参加。

2014 年 9 月 17 日星期三

学校南门开门的第二天了，我看到王波副校长把南门东侧的锥形帽往西挪了一下，方便家长停车送学生，形成了一个缓冲地带，效果还不错。南门开门后分流的效果很明显，大约有三分之一的学生从南门入校了，学校北门文化路的压力明显减轻。

在门口有几个家长咨询王波副校长几个问题，王副校长笑着反问了一句："你们没有看到学校发的一封信吗？"家长脸红了。我这才知道，王副校长他们的工作非常细致，平时有许多具体的分管工作各职领导直接跟乔校长汇报后就执行，这样工作落实迅速到位。学校的许多工作通过信函等形式及时让家长知道，这样大家就会一起来支持学校的工作。

昨天的重要收获之一是加了青岛普通教育教研室孙泓老师的微信。今天早晨打开手机一看，孙老师早就发来了丰富的英语教学信息。孙老师这样的专家真好啊！

今天第一节是张美欣老师在二年级（18）班讲的语文课《秋游》，我想去听一下，看看他们确定的"关注合作效果，打造高效生本课堂"有什么新鲜事。

果然，这是一节很不错的示范课，经过了多轮多人的打磨，臻于完美。让我惊讶的是学生小组长的能力，那个叫李璇的小女孩尤其突出，真可爱。无论是组织同学们学还是自己的表现，都让人能体味到她的聪明和伶俐。课中充分体现的小组合作、生本教育让人欣慰。张老师对课文的处理、对课堂的调控、对特殊学生的关爱等，深深打动了我。课上，有几个学生执笔姿势不好，坐在学生旁边正在听课的教师很自然地帮忙纠正起来……我很敬佩这样的教师和这样的群体。

下午第一节丁华主任和教师们一起评课。我感觉丁主任和分管数学的孙雪芹主任一样，都是本学科教学的权威。她们水平非常高，看问题一针见血，找优点句句在理，确实能够起到很好的引领作用。从管理的角度讲，她们是很不错的干部，能够放眼全校，视野开阔，抓住老师的心。她们的发言总是能让教师们感觉到自己付出的所有努力领导都看到了，教师们在她们的面前总是能够畅所欲言。这种学习的氛围真的不是一日之功就养成的。

很感动,很羡慕。想起了司马徽说的话:"伏龙、凤雏,两人得一,可安天下。"这两个业务干部我看也是得一人足以引领一所学校。

2014 年 9 月 18 日 星期四

每天迎着金色的朝阳、听着优美的音乐走入校园,呼吸着清新的空气,欣赏着可爱的孩子,我忽然间体味到幸福原来就是这么简单,幸福原来近在身边。不由得想起 1931 年的那个"九一八",中华民族陷入水深火热之中。现在的孩子们多么幸福,现在的我们多么幸福,那么多的仁人志士抛头颅、洒热血,他们一定也知道我们现在的幸福。如果我活在那个炮火连天、浴血奋战的年代,我会做些什么呢?如果我也生活在那个同仇敌忾、万众一心的年代,为了民族和国家,为了子孙后代,我也会像先烈们那样视死如归,奋勇杀敌。

我看了一些网站的头条,关于纪念"九一八"的新闻较少,我的心里很不是滋味。当看到人民网在时政栏目出现了辽宁等省市纪念"九一八"的活动时,我的心里才稍感好受。要知道,这是整个中华民族的大事,我们必须要让我们所有的国民都深刻铭记这段屈辱的历史。

时间过得真快啊!一个周很快过去了,又开了例会。这次会议收获还是非常大。三项议程,一是典型发言,选取了六年级级部主任高刚毅和艺体教研组组长周雪涛,两位领导针对行为常规和教学常规的经验、管理策略进行了发言,应该说很充实,也很实在;二是副校长王波、姜爱丽和江朝晖分板块进行的工作梳理和重点工作布置;三是乔校长的点评和下一步的要求。当然,乔校长在前面几位发言的间隙也有非常精彩的点评。

本次会议受到的启发有以下几条。

1. 说具体目标

每个人的发言,在回顾梳理工作时要谈管理的过程,从具体做法中提炼成功管理的经验;在谈下一阶段的工作时,要说说具体要达到的目标。

如高刚毅科长的发言,乔校长帮助总结的成功经验是开会统一思想、讨论明确常规要求、发动教师想办法。

周雪涛组长的管理经验我总结了一下,是培训要细、要求要严、反馈要勤、效果要实。乔校长总结了方法,一是常指导(周组长说的"常嘟囔"),

二是做示范（周组长看到有的新体育教师教学常规不过关，亲自上课让新教师学），三是合作（体育教师与班主任一起合作想办法让孩子们练好常规）。

2. 强调可操作性

发言时，无论是总结还是计划，均要求清晰、具体，可操作性强。

比如"要求学生有礼貌"，就不如"要求学生见到老师和外来的客人要微笑着问好"，这就把模糊的要求具体化了；"十大好习惯"每个级部精炼成五句话，可操作性就强；对教师特别是新教师的教学常规要求要分层次，如第一个月能组织好教学就行，然后再研究教学板块的提升，最后研究整个课堂的提升；比如常规要求，下两周的校外路队学生能不跑就行；比如新体育教师带队上课途中，一个月内学生能静下来不乱出声音就行；对新教师培训方式有些单一，问题大家提，办法大家想。

再如，就推门进听课，现在分管的领导就应该心中有数：听哪些人的课？指导什么？每个年级每个学科的薄弱教师有哪些？让他们跟谁结对？怎么辅导？

这些要求就非常具有可操作性。

3. 注意补充建议

每个人发言后，都要问一下其他的同志有没有什么想补充的，大家畅所欲言。

如周雪涛组长发言后，就绳操训练时部分学生到操场、部分学生留教室的问题，体育教师和班主任之间就有分歧，江朝晖副校长提到了齐抓共管的策略，大家一起想办法。这个事例很典型。学校里经常遇到的体育队训练、临时性任务不需要全班学生都参加的情况，那么剩余的学生一定要给他们一定的任务，班主任要协调任课教师、学科主任要指导任课教师想办法上好课。

再如体育教师上课常规的问题，工会主席王树信建议进行双向反馈，即体育教师将情况反馈给级部主任，班主任将体育教师常规情况反馈给艺体主任。这样，级部主任就掌握了体育教师的情况，艺体主任就了解了班主任的情况，级部主任和艺体主任就可以有针对性地加强合作、协调工作。

4. 强调沟通的重要

乔校长举了两个例子进行说明。一是领导干部之间的协调，比如请假，中层干部必须跟校长请假，同时也要主动跟相关的领导请假，让相关同志周知，便于协调工作，不造成疏漏。二是学校一块施工场地的整理。江朝晖副校长经过的时候发现了问题，怕有安全隐患就提醒施工方把临近的地面弄平整，然后通知了总务处李珍玉主任。李主任跟乔校长汇报后，施工队马上就进行了平整。乔校长说沟通也是一种很重要的文化，一定要把话说透，有的时候就是因为没有沟通好，所以产生了一些误会和失误。我感觉非常有道理。

从周雪涛组长的发言和与姜爱丽副校长的交流中我还体味到，在说服体育教师到教室带学生和下课后送回学生时，也要加强沟通。关键是要做好教师的思想工作，从学生的安全出发，实施无缝隙管理，每个课间班主任都要到教室，上一节上课的教师与班主任做好交接，班主任再与下一节课的教师交接。体育课上完后，体育教师负责把学生送回教室，交给班主任然后到另一个班级带学生。班主任很辛苦，体育教师也很辛苦，任课教师同样很辛苦。大家要相互理解和体谅，一切为了学生。

5. 级部主任的影响力

著名教育专家陶继新老师说："文化文化，以文化人。"乔校长说："共同的习惯就是文化。"她强调，要组织好志愿者岗位。志愿是服务，监管是权威，要让学生们做好主动服务的志愿者，不要成为权威监管下的被管理者。关于管理，乔校长说："管理要强调无缝隙，布置、检查、评比、总结，形成一个完整的圆。要求要具体，指导要到位，强化训练要跟上，如'十大好习惯'活动：明确要求、活动促进、强化训练、制度保证。"

姜爱丽副校长针对教学提出了具体要求：每个学期每个领导干部听一遍每位教师的课；教导处安排好听课表，大家要做好记录和评价，给教师们打出分数。

下午在阶梯教室听了青岛市优秀教师事迹巡回报告，有四位优秀教师做了精彩的发言。我一边听一边想，这些发言的教师做得真好，她们讲的故事很实在，打动了每个人。如果我们的教师上课都能这样精彩，领着学生的思维走，学生会很愿意听课的。所以，当课堂上学生不认真听讲时，我们教师一定要反思自己的问题。

晚上当我回家看新闻的时候，发现关于纪念"九一八"的活动很多，我感觉很欣慰。

2014 年 9 月 19 日星期五

今天上午听了一节课，是五年级的品德与社会课。说实话，我对品德与社会课并没有认真研究过，只是肤浅地从教学常规方面和教师们做了一些交流，然后从课时划分、教学评价、集体备课等方面给出了一些建议。德馨小学的教师非常有水平，研究的氛围很浓，我都不敢轻易说话。我不由得暗暗下决心，一定要多学习、多思考、多总结。

下午第一节是学校校级社团分班的会议。被选拔到校级 90 多个社团的学生 2000 多人都到操场列队，场面很是壮观。社团辅导教师带领学生到上课地点熟悉场地，训练常规。应该说这项工作非常复杂。前期，学校已经确定了校级社团的授课教师，所有的任课教师都已经根据自己的特长申报了社团项目。全校所有的教师都有任务，没有特长的教师参与护导。授课教师量化积分积 10 分，助教 5 分，护导 1 分。在社团举行会议的过程中，级部主任负责考核学生秩序、课堂常规、护导到位等情况，给相关教师打出成绩，分等积分；教学口其他领导分别负责对授课教师的备课、课堂、效果等进行分等评价。应该说，所有的工作安排都非常细致，每件事都有人考核，每件事都有反馈。

放学后，我参加了二年级的级部会。王树信主席主持，传达了学校相关会议精神，然后会议进行了三项议程：一是张美欣老师作典型发言，介绍如何抓好早读；二是王主席布置下周的重点工作，管理方面落实楼内轻声慢步、室内卫生无纸花，提议让级部组织一个活动，培养学生的集体意识，教学方面重点强调课堂常规；三是讨论级部的社团活动。王主席对工作强调得比较细。

王主席工作非常扎实，比较有办法。例如，他布置了一个办好班级板报的事情，每个班级的情况他都用相机照了下来，今天的会上就用照片进行了专题的反馈，各班的板报情况一目了然，非常有说服力，我感觉非常好。如果每一位领导干部都把每一件工作如此细致地做好，那么，教师能不认真吗？

2014 年 9 月 22 日星期一

上午我参加了德馨小学语文教材统整教研活动,全市其他局属小学的语文教师、语文教导主任和各单位的教研组长也参加了活动。教体局小学教研室国静静主任出席并作了总结。应该说,语文教材统整是一个比较新兴的课题,我接触得比较少,所以整个上午我全程参加了活动。活动分两个阶段,一是课堂展示,二是活动交流。德馨小学的顾玉霞老师出展示课,教师们参与了互动评课。我感觉语文学科真是藏龙卧虎,骨干教师们的发言和提问专业水平很高,确实关注了学生、关注了课堂,而参会的局属小学六位语文教导主任的评课也都各有独到之处,非常有水平。国静静主任最后作了总结,谈了下面三个"四"。

1. 本次活动的四个收获

(1)课前三分钟,每个学生都能得到展示

(2)导学卡的坚持使用,培养了学生自读预习的能力

(3)课堂上的小组合作与交流水平高

(4)课题实验方面所做的探索成效明显

2. 本课题研究力争体现四个目标

(1)体现归类教学的思想,把方法的习得和习惯养成序列化

(2)体现前后联系的思想,上课时要训练学生有联系的意识

(3)体现读写结合的思想,使学生积淀丰厚

(4)体现高效课堂、自主探究的思想,关注点上品读、品悟,培养学生语感,使学生收获更趋多元

3. 小学语文每节课都要关注和训练学生的四项能力

(1)概括能力

(2)提炼关键信息的能力

(3)整体把握的能力

(4)做出评价的能力

国主任还强调,无论是精读课文还是略读课文,读书不能丢,读好书是所有语文活动的基本起点。

国主任真是有才,我很佩服!她讲得深入浅出,有理有据,可操作性非常强,我们听得很是享受。

2014 年 9 月 24 星期三

第一节综合组邀请我听课，我很高兴。授课内容是六年级的《运动与静止》，这是本册有关力的开启课，主要引导学生认识什么是运动、什么是静止，知道什么是参照物。我感觉教师做了大量的准备工作，课上得非常好。最难得的是乔校长的点评，我从中又一次体会到了什么是理念新。乔校长认为首先要关注学生的学，但本节课"知识很简单，学生没学会"。教师应该遵循学生的认知规律，设计实验方案、交流等环节要求学生说实话。比如，有的小组用了两个钩码放在小车上模拟乘客和驾驶员的运动和静止状态，而有的小组只用了一个，因为学生觉得车上乘客和驾驶员在运动和静止这一点上所扮演的角色是一样的，但是学生没有完整地说明自己的观点，而教师又没有关注到。其次，要关注学生不同的思维方式，学生的思维只有"不同"，但没有"不好"之说。第三，小组合作流于形式，怎么样让学生们高效地进行小组合作很重要，真合作、说真话非常重要。

第三节我又听了一节数学课，乔校长也参与了听课和评课。乔校长的观点我非常赞同，就是这节课教师抓得还是太紧了，留给学生的时间太少了。乔校长关注的点还是在学生，教师能不能把课堂还给学生确实是衡量一个教师的教学理念是否到位的一个很重要的指标。我们的教师往往在遇到学生不会的情况时，就会急急地拉过话题自己去讲，缺少把球再抛给学生的意识。本节课是一节关于大数认识的练习课，教师可以引导学生自己梳理归纳出知识点，然后以小组为单位，写出一个大数，自己出题目，把所学的知识点以题目的形式列出来，组内解答，学生在这个过程中明确解答的基本流程：知识点是什么，关键词是什么（审好题），小陷阱是什么（易错点）。然后，小组交流，提示大家在做类似的题目时应该注意什么问题。接下来，教师可以根据集备形成的检测题让学生们做，出了问题再在小组内交流，这样自始至终都把学习的主动权交给学生。当教师把学习的主动权给了学生后，课堂学习的效果就不一样了。

2014 年 9 月 28 日星期日

因为国庆节放假调休，今天要上班。早晨我赶到学校南门时，发现南门墙外已经立起了护栏，非常漂亮，看到乔校长在那里站着，看着学生们顺着护栏安全入校。我心里很是感动,学校的工作真是细致啊!

上午,我找分管宣传的单敏主任进行了交流。单主任是德馨小学的元老。她曾经在教体局主办的教育报当过编辑,工作经历丰富,善于观察、总结和提炼,对教育有深度的思考,对教育事件有敏锐的捉捕力,现在负责学校双周报的编写。她非常敬佩乔校长的一些做法。她风趣地说,许多新教师到了德馨小学后觉得就像到了抗战时期的延安,大家那么用心地工作,无怨无悔。这是为什么呢?单主任也进行了独到的思考。她说,她真正理解"一个好校长就是一所好学校"就是在来到德馨小学之后。她从乔校长身上学到了太多太多。我们交流了一个上午,我用"尊敬""赏识"等10个关键词梳理了一下。

1. 尊敬

乔校长非常尊重教师,很少在公开的场合批评教师。她总是能让人感觉到充分、真诚的尊重。外出学习回来的干部跟她汇报学习心得和体会,她会拿出本子认认真真地记,时不时就有些问题进行详细了解。外出学习的干部怎么会不好好学习呢?乔校长说,有的时候听报告或某个人的发言,听者也许感觉很没有意思就不爱听了,但是,如果自己不认真听,又影响别人,那就是对自己的不尊重了。德馨的校训是"尊敬自己、尊敬别人、尊敬自然",我想,"尊敬"的思想其实也早已扎根在每个教职员工和学生的心里了。

2. 赏识

"你想让孩子成为什么样的人,你就说他是什么样的人。"我也经常把这句话挂在嘴边,可是真正做起来很难。但是在德馨小学,乔校长把这句话很好地用在了教师身上。在这里,没有一个教师偷懒耍滑,没有与学校斤斤计较的现象。秘诀就是表扬和赏识。对任何一个教师,都要发现他的优点,在不同的会上表扬,表扬得这个教师只有更好地去做——因为大多数的教师都是好的,少数教师最怕的是表扬!赏识是有依据的。无论对教师还是对学生,无论对级部还是对教研组,所有的赏识都来自平日的观察和积累,所有的表扬都有图片或数据等资料为证。在每月一次的全校教师会上,这些都要展示,让受到表扬的人笑起来,让没有受到表扬的人感觉到压力。

3. 捆绑

对级部和教研组采取捆绑式评价，看似不鼓励冒尖，实则是鼓励冒尖的同志发挥自己的长处，在团队内发挥引领的作用。而对于那些暂时落后的个体，捆绑会激励他们奋进，大家都努力在团队中不拖后腿。这个措施的实质是实现教育教学能力和质量的共同提高。捆绑式评价与教师的切身利益密切相关，如评上优秀团队，所有的成员量化积分都加 10 分，这样几乎所有的团队成员的积分都窜到了全校的前列。但是，要想评上优秀团队是很不容易的，要政令畅通，要没有安全责任事故，要在教学质量上没有拉开分差，在教研活动中要起到引领作用……总之，方方面面的工作都要走在全校前列。评选的过程性评价由各中层领导提供，校领导最后研究审核，结果由德育主任负责向所有的教师传达。在传达的时候，评选的所有过程性资料都要向教师们公开反馈，让评上的团队人人感觉光荣而有压力，让没评上的团队心服而又充满力量。

4. 方法

在教师管理和学生管理中，乔校长非常注重方法的总结。每次的班子会上，都要有级部主任和学科代表层面的管理经验分享，然后让与会者进行评说和补充，在每一个现象的背后都要有解决方法。慢慢地，大家都习惯了用研究的心态去看待遇到的问题，而不再是抱怨、等待和互相推诿——因为遇到困难往往是因为我们的方法不够多，而不是相反。

5. 落实

无论是常规管理还是教育教学工作，乔校长非常注重的都是落实。她经常就双周工作所列的项目追问："这件事落实了没有？没落实是什么原因？落实了的落实到什么程度？效果如何？有没有更好的方法？可不可以取得更好的效果？"一连几个问题下来，分管的中层和领导就会感到无形的压力。如果是因为计划中的某项工作没有完成，那就要追问一下：既然无法完成，何必列在计划中？于是，在德馨小学形成了一个氛围：无论多么忙，只要计划上提到的，就一定要落实，而且一定要落实好。

6. 榜样

乔校长给每个干部发了一个小本子，要求大家在平时工作中把发现的问题和想到的办法及时记录在小本子上，这样无论什么时候让你举例都可以信手拈来。乔校长非常好学,对学习过的资料都能记得很准,在开会的时候经常引用一些话和数据。她每天的工作量是巨大的,你不知道她是什么时候来的,什么时候走的,你不知道她什么时候就了解了那么多的一手资料。她从来不说没有根据的话,所有的话题都有典型的事例。中层干部们也在不知不觉间受到了影响,得到了真传。比如,在加强学校安全工作的专题会上,结合传达昆明一所学校发生学生踩踏事故的文件,乔校长谈到了工作细致到位的重要性。她表扬了我校张文健老师的值班记录,每次都能提出合理化的建议,还表扬了安全工作做得比较好的几个教师,都有具体的事例和具体的情节,非常真实、有说服力。榜样树立起来了,教师们就学有目标、赶有方向了。

7. 文化

乔校长非常注重学校的文化建设。学校的文化说白了就是一种积淀,大多数人固有的行为和意识就是习惯,大家共同的习惯就是文化。在德馨小学,"遇到问题想办法,出了问题揽责任,想到问题去落实"早就成了干部和教师的习惯。这所学校的学生没有学生证,但是如果哪个学生没有按照学校的常规要求做,他会自觉地改正,问他是哪个班级的他会如实回答。没有教师会因为他错了就严厉地批评他,只是告诉他这样做是不对的、应该怎样做,学校的要求是为了每一个学生好。学生感受到的不是批评,而是教师对他们真正的关爱。本学期,乔校长提出了"求实即创新"的新理念。我看到,无论是在课堂上还是在交流中,说实实在在的话、做实实在在的人、干实实在在的事蔚然成风;大家只管尽情干,舒心干,互相帮助,互相提升。有问题,没关系,大家商量一下,有好的办法那就去改。心情得到放松,但是追求永不放松。这就是文化。

8. 借力

乔校长非常善于借力,利用一些机会提升学校的工作。比如,迎接上级的各种检查,乔校长会很用心地在全体教师会上讲,上级检查的各种内容都是我们平时需要做的事情,只要我们平时把这些工作都能做得扎实到位,检查时便不用额外再去费心准备。其实,上级的检查也就是看我们平时的工作如何。这样就化解了教师们的怨言和矛盾。是的,上级检查的实质就是检查我们平时的工作。这样的解释就是回归检查的本质意义——工作本来就应该做好,上级的检查也就是督促和指导,有什么需要额外做的呢？所以，教师们应该在平时就把工作做好，这无可厚非。再如，近期昆明某小学发生了学生踩踏事故，青岛、即墨教体局都立即下发了文件要求开好安全会，做好各种预案和演练。乔校长借机又着力强调护导教师的职责，学校的护导教师上岗不及时、责任心不强等现象便迅速消失了；她又强调了无缝隙管理，任课教师与班主任进行交接时，如果谁没有及时交接，请相互补一下台——也许下一节的教师真的有特殊的事情需要稍微处理一下，马上就赶过来了。你看，乔校长这样一说，大家的心气多顺啊！

9. 恒久

学校的工作千千万，关键在坚持。本学期，乔校长强调了抓好常规是基础，强调了从细节抓起。一年级的家长和教师培训，每周五的级部会等，都要认真对待。学校工作没有惊天动地的大事，但是把每一件小事都抓好就是大事。学校工作没有有张有弛一说，事故往往就在大家觉得可以稍微松一口气的时候发生。就像昆明那个学校，虽然是 9 月 26 日发生的事情，但是 9 月 26 日前的每一天都没有安全隐患吗？所以要警钟长鸣。学校方方面面的工作都需要有这种恒久的坚持。说到这里的时候，单敏主任举了个小例子，迎接山东省规范化学校验收后，许多教师认为这下终于可以稍微轻松点了，但是大家发现，乔校长仍然像往常一样高速运转，工作该怎么干还是怎么干。

10. 习惯

在乔校长的心里，让孩子们养成好的习惯是一件非常重要的事情。确实，德馨小学一共 5000 多名学生，如果没有良好的行为习惯，那是一件多么可怕的事情。但是，当你走进德馨小学的时候，你会发现，这里的一切都是那么有序，学生入校、出入教室都是自觉排队，课间的走廊上轻声慢步，社团课程时 5000 多人的大面积走课，全校静悄悄地完成……秘诀是什么？是学生的良好习惯，当然，还有教师们的精心引导与呵护。社团分班时，学校拿出专门的时间进行常规训练，怎么走，从哪里走，怎么回，来回应该注意什么等，都非常细；社团活动时，每个楼梯口都有护导教师在引导学生走路；每次社团活动，学校领导都要就学生的秩序和教师的授课情况做出评价……你说，大楼里怎么能不安静？在德馨小学，不管是学生的行为习惯还是学习习惯，每一位教师都会用心地训练。在这里，"尊敬自己、尊敬别人、尊敬自然"的校训已经成为习惯；在这里，既有大家应该共有的"十大好习惯"，更有分解到每个级部的细则和小习惯。好习惯成就好人生，我们看到的是学生真诚自信的笑脸、生本高效的课堂……

2014 年 9 月 29 日 星期一

一大早，淅淅沥沥的秋雨伴随着我上班的脚步，感觉很爽。

乔校长早就给我布置了个作业，让我下一次在班子会上做首位发言。我很惶恐，因为我实在看不出德馨小学工作中还有哪些不好的地方，而乔校长要求管理必须至少说出 2 条缺点，评课必须至少说出 2 条缺点。发现不了问题就是最大的问题，我也经常这样认为，可是我真的没有发现德馨小学的工作有什么明显闪失的地方。每当我看到一点做得还不够好的地方，不久我就发现有人去做好了。我甚至有种逃避班子会的想法，因为我实在无话可说。

我想到了我小时候挖野菜的事情。大家都有这样的体会，挖野菜时，特别是春天挖荠菜时，如果你一直站着寻找，是很不容易看到那刚刚有些苏醒返青的好菜的。只有当你蹲下来，认真翻开枯草，才会发现那一棵、两棵的荠菜忽然跃入你的眼帘，然后你发现那么多的荠菜就像一下子冒了出来。我意识到，之所以我没有发现问题，其实是因为我没有"蹲下来"，没有深入学校的肌肤里，没有沉浸到学校的管理里，总之，没有与学校形成血肉的融合。我不觉有些脸红——这才是我没有话可说的原因！

由此我意识到，没有调查就没有发言权，没有参与就没有体会，就发现不了真正的问题。

中午，我参加了一年级孩子们的路队展示，被邀请当评委给各个班级打分。这可真不是个好干的活。大家都很重视，小孩子们也非常认真，口号响亮，脚步整齐，抬头挺胸，目光炯炯。每个班级都很有气势，有的班级还有自己的口号"表扬某某某"等。每个班级都很棒，都应该评为优秀，我这个评委都不好打分了！我不由得想，这样的活动真是太好了，有展示，有评比，其实何尝不是一种教育呢？由评委来检阅路队训练的水平，让孩子们有一种角色意识、有一种仪式感，这是多么重要啊！

第4节　青岛长江学校小学部工作手记选（一）

我是 2015 年 8 月到青岛长江学校小学部工作的。这是一所刚建校两年多的新校，是民办寄宿制。刘志坚董事长跟我说，民办学校创建的第三年是决定能否创建成功的关键一年，希望我努力让学校平稳度过这一年。我不知道这个说法有没有相关的数据支撑，但是压力是非常大的。好在我喜欢上了这所学校，因为这里有可爱的孩子，有可爱的教师，有可爱的职员。在这所充满了爱的校园里，我每天都被感动着，被温暖着。

1. 我的称呼

来到青岛长江学校小学部工作不久，我就慢慢喜欢上了这所学校，确切地说是因为我一天比一天喜欢上这里的孩子们。

这是一所寄宿制学校。每个周一，我都非常高兴地早早站在学校大门口迎接孩子们返校。我喜欢看着孩子们三三两两欢快地进入校园，脸上洋溢着幸福，也带着对爸爸妈妈的不舍。我看到懂事的孩子们跟我打着招呼，看到认识的或不认识的家长跟我或微笑或点头致意，我很满足。

每个周五，我也喜欢站在学校门口送送离校的孩子们。看到他们像小鸟一样扑向爸爸妈妈，我是那么欣慰。

让我惊喜的，还有我获得的各种称呼：老师、校长、叔叔，甚至一年级的小豆豆们喊我"爷爷"，这着实把我吓了一跳，我有那么老吗？后来我才得知，因为有个一年级的小孩从爸爸妈妈那里来论应该喊我"姥爷"，所以这些小家伙们推论出应该喊我"爷爷"。多聪明、多懂礼貌的孩子啊！

其实，在学校里工作的每一个人都会获得孩子们的各种称呼。保洁员和宿管员，在孩子们的心里就是阿姨、奶奶，传达室保安、餐厅的师傅就是叔叔、爷爷。

无论在课间走廊还是去餐厅、回宿舍，都能听到孩子们此起彼伏打招呼的声音。许多保洁员和宿管大姐都感动地说，看看这些有礼貌的好孩子，有时候他们调皮一点，尽管生气，还真是舍不得批评他们。

我不知道孩子们在家里是怎么表现的，我希望孩子们能够家校如一。至少，回到家能跟爸爸妈妈打声招呼，来个拥抱；要到校了，跟爸爸妈妈说声"再见"。那么,我们的教育就不是"两张皮",就在教孩子们做真人。我曾亲眼见到一个小女孩要进校了,轻轻地在她爸爸脸上吻了一下,父女两个会心一笑,挥手作别,真是温馨和感动。

教育就是这么一点一点润泽的,孩子就是这么一天一天长大的。

我喜欢我的称呼。你呢?

2. 让每个孩子像小鹿一样快乐

2017 年 10 月 23 日早晨升旗仪式上,发了很多奖项。全校很多教师和学生捧着奖状和喜报,收获满满,每个人的脸上都荡漾着幸福的笑容。

升旗仪式结束了,我回到办公室,看到教师办公群里发了这样一则信息:"韩路顺是哪个班的同学?他书法比赛的奖状在四年级(5)班教室,请让他像小鹿一样欢快地来拿。"我笑了,这条信息充满了童趣和快乐。我想,看到这条信息的所有教师都会会心一笑;这个孩子可能是发奖时正乘坐校车没有赶到现场领取,或者有什么其他的原因,但是知道这条信息后孩子肯定会欢跳着来领取他的奖状,没有现场领奖的遗憾就这样消失了。关键是,写这条信息的时候,这个教师该有一种怎样快乐的心情啊!

我想,如果我们的教师每天都心情愉悦,特别是在周一的时候那么心情灿烂地来上班,他会给孩子们带来多么大的积极的心理暗示啊!如果我们的学生每天都如小鹿一般快乐地来上学,我们的学生会有一种怎样满满的幸福啊!教师快乐,孩子幸福,我们的学校该是一个多么温馨的家啊!

我回想了一下,这个教师为什么今天早晨心情这么好呢?也许跟我关心地问了一下她感冒的儿子身体有关?也许她在双休日有什么高兴的事情?不管怎样,她在学校是快乐的。同样的道理,如果每一个教师都能够真诚地关心孩子们在双休日的快乐,亲切地摸摸他们的头,拍拍他们的肩,来一个会心的微笑,或者一个大大的拥抱,我相信这些孩子整整一天甚至整整一周都会快乐和幸福的。

让每一个孩子周一像小鹿一样快乐地回到学校,这个要求看似简单,它的背后却需要我们付出很多努力。我们要用心呵护每一个孩子,欣赏他们的进步,关注他们的需求,帮助他们快乐地成长。

3. 一个爱哭的小女孩

2017 年 10 月 25 日,早操结束后,我回到办公室,隐约听到洗手间有个小女孩哭泣和保洁员大姐安慰她的声音。我不由自主地出门看了看，把她们喊出来。孩子在哭，我一看，还是五年级(7)班那个不愿踏进校门的孩子。有一天早晨她爸爸来送她的时候她就躺在学校门口不起来，不入校，她的爸爸一脸怒气，班主任也在极力劝她走进校门。

临近期中考试了，按理说新转入的孩子们都应该适应学校生活了，可是这个孩子为什么还是这个状态呢？我决定问一问她。孩子哭着说有原因不敢说，反复强调想给妈妈打个电话。根据经验，我判断这肯定又是一个问题家庭里走出来的"问题"孩子。恰好此时上早读的铃声响了，我说："你先回教室上课，课间到我办公室给妈妈打电话吧。"孩子这才止住哭声，走向教室，还不忘回头问："我哪个课间过来打电话？"看来她是真的需要给妈妈打这个电话寻求一些心理安慰了。我想了一下说："随便哪一个课间都行，我的办公室会一直开着门。"

我在猜想："这个孩子会给妈妈讲些什么呢？她打电话的时候我需要回避一下吗？她之所以不愿意来上学的真正原因是什么呢？该如何让这个孩子打开心结、喜欢上我们的学校呢？"根据经验，孩子不喜欢来上学的原因应该主要是来自家庭的溺爱、失爱，或者来自陌生环境、新老师、新同学。且等她来打这个电话再分析和有的放矢地采取对策吧。

早饭的时候，我问了一下教五年级的王梅梅主任。王主任对这个孩子比较了解，果然是家长溺爱的结果。特别是孩子的妈妈，对孩子太过溺爱，对孩子百依百顺，甚至孩子一些过分的要求也答应。接着我到五年级(7)班去看了看，小女孩已经吃完饭平静下来了。我再次和她约好，如果她愿意，第一节课下课后去我办公室打电话。

孩子非常守信用，下课铃声响过不久就过来了，敲敲门、问声好，非常有礼貌。也许是老师跟她讲了什么吧，也许是自己想通了什么，见到我的时候已经可以面带微笑了。我表扬了她守时、有礼貌，微笑着问她想不想给妈妈打个电话，她摇摇头拒绝了。我问她是哪些原因哭，能不能跟我说说。她脸一红，腼腆地笑了笑，说是宿舍熄灯后学校规定尽快安静入睡，不让说话了，自己不适应。因为在家里的时候，她习惯了晚上跟妈妈说说话再睡觉，不说话就睡不着。来到学校，熄灯后自己还是想找个人说说话，虽然知道自己这样做不对，但是控制不住自己。我点了点头，和她谈了一下为什么熄灯后不让说话、小学生应该早睡早起养成好习惯等,孩子心悦诚服地接受了。我又和她约定,如果有事可以随时到我办公室跟我讲,也可以在课间过来用电话等,她高高兴兴地走了。

其实,这个孩子应该还有些话没跟我说,没有很好地对我敞开心扉,她的心结还在。五年级的学生了,已经开始学会包裹自己。为了表示对学校的认可,她跟我交流时又表扬了老师对她很好、很关心,包括她爸爸都肯定现在的老师对自己如何如何好。尽管是这样,我想,还是应该对这个孩子再多一些留意,让老师们多一些耐心,让家长也多一些关心。大家携手帮助这个开始走入青春期的孩子度过她人生中的重要阶段,让她能够带着笑容来到学校,看到阳光和鲜花,享受自信和快乐。

4. 小 M 的故事

(1)补课

2018年暑假的时候,有个朋友让我帮忙接收一个河南的小男孩来上学。

小男孩小时候得过脑膜炎,智力不是很好。母亲是即墨人,刚刚去世了。父亲是河南人,家里有一个八十多岁的奶奶需要跟着他们住。奶奶勉强能自理,实在照顾不了小男孩。小男孩的父亲想外出打工挣点钱,可没人帮他照看孩子。

我"为了一切孩子"的责任感又涌上心头,我跟朋友说,让小男孩来吧,我先了解一下情况。

小男孩来了,见到我有点羞涩、拘谨。我问他叫什么,上几年级,让他写写名字。他姓 M,上五年级了。看得出小 M 很努力想写好自己的名字,但这歪歪扭扭的几个字与其说是写出来的,不如说是画出来的。

我让教导处测一下他的学习基础,结果让大家都大失所望。小 M 只认识几个简单的汉字,汉语拼音一塌糊涂,数学知识也几乎是零,英语水平就更不用说了。这可怎么办呢?现在是义务教育阶段,不允许学生留级,如果来上学,只能继续就读五年级了。但显然,他的水平读五年级是不行的,需要花大气力给他补课。我跟教导处做了个大胆的尝试,决定给他制订个单独的上课计划:重新进一年级的课堂补课!

我征求了小男孩和家长的意见,他们很爽快地答应了。于是,我首先安排小 M 进一年级的课堂，由一年级的老师给他补一年级的课；跟他约定，一年级的课补完了就让他去补二年级的课，然后是三、四年级的课。同时让五年级的老师在早晚自习时间给他补教五年级的新课，加强对他的个别辅导，尽量跟上五年级的教学进度。

进一年级教室之前，为了避免尴尬，我善意地开导他："你可以当老师的小助教，帮助一年级的小弟弟小妹妹们一起进步。"他憨厚地笑了。没想到，我跟一年级的小朋友介绍小 M 时，教室里响起了热烈的掌声，这给了他莫大的鼓励，他竟然流泪了！那一瞬间我也感动了。多么可爱的小朋友，多么容易感恩的小 M ！

时间一天天过去，小 M 慢慢适应了新学校的生活。我非常担心这个小男孩因为年龄大在一年级的小学生堆里产生心理问题，就特意嘱咐教导处多去听听这个班级的课，嘱咐班主任经常关注一下小 M，又让心理教师经常找他聊聊天。好在小 M 的发展一切还不错，并没有我担心的心理问题。偶尔在路上碰到他，他总是憨憨地对我一笑。在一群一年级的小娃娃里，小 M 高出别人一头的个子显得不太协调，但他很快乐！

（2）男孩子日

担心的事情还是来了。有一天，我得知了一个不好的消息。小 M 课上不听讲，与同桌的小男孩玩小动作，影响了同桌的学习，同桌的家长很恼火。

真是摆在眼前的棘手的事。怎么处理呢？该立即给小 M 调座位了，让他单独一张书桌吧！但是怎么保护他的自尊呢？我让班主任跟小 M 谈谈，跟他说他的进步超过一般的一年级小朋友了，但是还需要自己再加把劲。为了让他有个单独学习的空间，班主任决定给他调座位，自己单独一张书桌。我让班主任亲自跟他爸爸通了电话，鼓励他加强自学，看看能不能尽快到二年级去上课，给他点动力。我相信这样应该会有效果，也保护了他的自尊心。我又安排班主任跟小 M 同桌的爸爸谈谈，说很快给他们调开座位，希望他理解。

其实，这几天也有几件小事让我一直在琢磨孩子们性别意识的问题。体育课上、大课间活动都有一些需要拉手的问题，男孩子大多大大咧咧的，有的女生就扭扭捏捏地不伸手。有一次，我碰到两个高年级的女孩子正要去医务室，关心地问了一句，结果女孩子的回答让我脸一红："校长，女孩子的事您不懂。"孩子们开始有性别意识了，这是好事，说明孩子们长大了。怎么正确引导孩子们度过即将到来的青春期呢？

我觉得，真的有必要在合适的机会举行个男孩子日、女孩子日，邀请医院的医生或者让心理教师给孩子们讲讲，给全校的男生和女生分别上上课、开开会，进行几次培训，让孩子们了解正确的性知识、健康的性心理，增强性别意识，提高自我保护意识。毋庸讳言，孩子们得到的信息有时候并不都是健康、全面的，在这个事上，堵不如疏。孩子们在一天天长大，正确认识并有健康的性知识是必要的。我们有责任让他们健康成长。

小 M 会怎么发展呢？

5. 校长挺好的

晚饭过后，我一般要求班主任带孩子们去操场散散步再回教室。我也喜欢跟着去散散步。2018 年 11 月 15 日，散步回来的时候，在低年级办公室门口，我发现站着两个小男孩，好似在等人。我问了一下，果然，是班主任让他们在这里等会儿。估计是又有违反纪律的现象，班主任先把队伍带回教室，然后回来单独训练一下他俩的常规。那天比较冷，天又黑得很快，幸亏走廊里的灯及时亮了。他们身边不时有中高年级的队伍走过，弄得两个"小豆豆"有点害羞。

我拍拍他们的肩膀，让他们先回教室，让他们告诉班主任，就说是我让他们回去的，因为走廊里有些冷。两个孩子一开始有点担心没听班主任的话被批评，见到我坚持要他们回去，连忙非常感激地谢谢我，转身向教室走去，一边走一边说话，其中一个说："校长挺好的啊！"另一个则夸张地点点头。这句不是说给我听的话让我好温暖啊！我立马觉得自己是个挺好的人，而且应该做个更好的人！你看，都说小孩子爱听表扬的话，其实大人也和孩子一样需要鼓励和表扬。

我在反思，这两个孩子有怎样的表现让班主任给"罚"着了呢？班主任为什么要这么"罚"他们呢？有没有更好的办法呢？我这样做是否合适呢？有没有更好的处理方式呢？其实，这俩孩子违反纪律无非就是两点，一是在餐厅就餐时乱讲话，二是在带回的路上没排好队。对于小孩子来说，吃饭、走路有点违反规定也是很正常的，需要反复抓、抓反复，才能养成好习惯。我们让孩子养成好的习惯当然有道理，所以该批评的还是要批评，关键是这个度如何把握。如果这个班主任回来后能心平气和地跟孩子们讲讲学校常规的道理，带领他们再演练一遍，让孩子们记住怎么样做是对的、好的，也未尝不可，孩子们也会心悦诚服地接受班主任的教育。如果这个班主任回到教室就忘记了还有两个孩子在办公室门口站着，或者回来后一顿训斥，我想这个教育的效果就适得其反了。因为，如果你忽视了孩子们的自尊，那么换回的有可能就是逆反。

我让孩子们回教室，孩子们其实一开始是无所适从的，因为班主任说过让他们在办公室门口等一下，他们本能地遵守班主任跟他们的约定。当我让他们回教室并让他们告诉班主任是我让他们回去的，他们就如领到了"特赦令"一样高兴，很愉快自然地接受了我的"批评"。而我让他们回去也给了他们一个理由：办公室门口的风有点大，怕冻着他俩。小家伙们感受到了一种关心。我其实也是给班主任一个台阶下，让班主任知道这样对待孩子不合适，让班主任知晓我知道了这件事，也许她以后就不会轻易让孩子站在办公室门口了。试想，如果这俩孩子很调皮，在失去班主任监控的这段时间内又出现了安全事故，那这个事情就很大了，班主任应该也会猜到我的用意。

学校里年轻教师多，往往经验不足，对待学生的调皮违纪有时候缺乏方法。当然，正是在解决这样一个又一个的小问题时他们才会不断积累经验。我们经常举行千帆讲坛，也是给教师们一个相互交流的平台；经常举行班主任培训，也是给大家一个现身说法的机会。用身边的人和事做教材是年轻班主任快速成长的好方法。

我希望，新教师们能够多一些方法引导孩子们快乐生活和学习；我希望孩子们能经常说："我们的老师挺好的啊！"只有这样，我才真的会为教师们的成长感到欣慰。因为，只有这样，孩子们才会喜欢教师，喜欢学校，开心地成长。

6. 一个"特殊"的孩子（一）

这是一个新转到学校不到一个月的非常"特殊"的孩子。

2019年4月9日，整整一个上午，我都在和这个"特殊"的孩子、这个"特殊"的家庭谈话。在这个离异的家庭里，受伤害最大的就是孩子。

　　这是个桀骜不驯的孩子，是个充满了青春冲动的孩子。他的脑海里充满了暴躁和不满。我看着两个离婚的大人——已经是两个形同陌路的人，面对自己共同的孩子时，不知他们内心在想什么。

　　两个大人说，孩子现在六年级了，自从他们离婚后，孩子就变得很暴躁。在原先的学校里，他打骂同学，打骂教师，稍微有不如意，立刻就爆发了。班里因为他的存在一团乱，任课教师无法正常上课。实在没有办法，只好转学，就把他转到我们学校。来到我们学校后，孩子只安静了几天，又恢复了常态。新班主任和教师们很头疼。

　　看得出，两个大人彻底没招了，对孩子完全失去了信心。我知道他们很无奈，但孩子是他们的，教育孩子他们是有责任的。我决定让他们先带孩子回去，换个环境跟孩子再交流一下，然后，我找专门的时间单独跟孩子聊聊。

　　第二天上午，我让班主任把这个孩子找来。他怀着很强的戒备心来了，喊"报告"进了办公室。我故意没理他，继续在电脑桌前整理一份文件，自言自语地说了一句话："这两天 QQ 登录不上去了，也不知道怎么回事。"他看了看我，说："让人盗号了吧？"我装作一愣，让他说下去，他开始滔滔不绝地说开了。孩子的世界果然"多彩"，随着给我介绍盗号的知识，很多我不知的"内幕"出现了：他居住的小区周围有个网吧，他认识几个网友，知道怎么盗号，知道哪个网站可以找到黑客……我听得一愣一愣的，这哪里像个孩子在说话，简直是个黑客"天才"！我不时插话，做懵懂无知状。渐渐地，孩子的戒备状态放松了下来。就这样，一个多小时过去了，我们不聊别的，只聊黑客、QQ，很愉快。直到我说我还有点事，先聊到这里，等有空的时候可以来找我继续聊，他愣了，问我："没别的事了？"我肯定地点点头，说没别的事，就是找他说说话，希望他能喜欢新学校、新老师和新同学。他带着疑问走了，我感觉他受到了一些震动。

　　我知道这次谈话不一定能有多大作用。果然，又隔了一天，课间操的时候，我在楼梯拐角处碰到了正要去找我的班主任。这个漂亮的女教师像溺水的人一下子抓住了一根救命的木条，跟我诉说这个孩子转来后的情况，那种无奈和愤怒，那种委屈和郁闷一下子爆发了。我知道，这个时候我要做的就是耐心地听。教师的话像撞开闸门的洪水滔天而来：从开学，到昨天；从学生，到家长；从一件事，到相关事件；从一个同学，到全部学生；从一个教师，到所有任课教师。我神情凝重地听，我很同情她，也很敬佩她的隐忍和坚持。我们的教师多好啊，心里存了多少的委屈和无奈啊。半个多小时过去了，开始有教师和学生经过这里。我怕给她造成压力，就轻声地劝说："要不，去我办公室继续聊？还是你先回去休息一会儿，我再找这个孩子谈谈？"她这才清醒过来，不好意思地摇摇头，擦擦眼角，转身慢慢地走了。

我看着班主任的背影和她耸动的肩膀，不由得感到了一阵难过：我们的教师真是太难了！面对这样"特殊"的学生，打不得、骂不得、劝不得，反而要不停地受到他的挑衅和捣乱，甚至辱骂。尽管他还是个孩子，但是，这样的"问题"孩子不是教师教出来的，是原生家庭带来的！每个"问题"孩子背后都有"问题"家庭、"问题"家长。从这个角度讲，教师是无辜的！教育不仅仅是教师、学校的事，还是家长的事，是家庭、社会和学校共同的责任。"没有教不好的学生"只是教育的理想结果。教育不是万能的，但是没有教育是万万不能的！

7. 一个"特殊"的孩子（二）

我找了个时间，又一次约这个孩子交流。与其说交流，不如说主要听他讲。这次，在聊了 QQ 后，他还聊游戏。孩子显然把我当作了哥们儿，聊着聊着又开始谈他约架的事。等他滔滔不绝地把"豪爽之气"发泄差不多了，我才笑着对他说："你想得太简单了。我们按照你说的吧，遇事打架解决问题，那么对方呢？如果对方也选择找一帮人跟你打架，然后双方就滚雪球一般形成了两群人打架，后果会是怎样的呢？这都是违法的。"我给他举了两个公安部门在利剑行动中扫黑除恶的例子。这两个例子他显然知道，慢慢地，他的傲气没有了。

我看火候差不多了，就拿出提前写好的一份介绍信，告诉他，如果来到我们学校还像以前一样不改变，继续胡闹下去，那么我们学校也不会继续留他，会帮他转回原来的学校。他的眼里闪过一丝害怕，他没有想到我会把他转回原学校，原学校肯定是他更不愿意回去的地方。我又站在他的角度帮他分析并晓以利害，最终他决定改变自己，求我再给他一段时间试试。

看到他确实下定决心要改变自己了,我趁机教给他控制自己的办法:当控制不住自己想打架了,就用自己的左手和右手交叉,让自己的左右手互相斗,转移注意力;当感觉自己要骂人了,就用手捂住自己的嘴,不出声音。他说:"前一个方法感觉还行,后一个我没有信心管住自己。"我一时也没有更好的办法提供给他,就跟他约定先坚持做,试试看,并鼓励了他一番。他点点头,充满信心地走了。

过了一段时间,我又找这个孩子聊天。这样前后交流了十几次。经过两个多月的疏导,他的身上有了明显的变化。我侧面打听了一下他班的老师和同学,得知他情绪暴躁控制不住自己的情况少多了。这段时间以来只有一次打骂过同学,是周五上科学课时,不熟悉他情况的科学老师把他惹火了。我还没去找他,他却主动过来跟我聊。他说:"我不愿意学科学,上课时在做语文作业。"我说:"你不是不喜欢语文老师吗?怎么还做语文作业?"他不好意思地笑了笑说:"现在只有语文课能听懂,科学课真是听不懂。"我拍了拍他的肩膀说:"其实科学课很有趣。科学是理科、动手操作多、观察思考多,很多男孩子都爱学。如果你实在不愿意听讲或听不懂,我跟科学老师说说你的情况,你可以自己看点科普读物。但前提是你还要在教室里好好坐着,能听进去的时候就认真听讲,不准捣乱。"他点点头同意了。

放学后,我让班主任把这个班级所有的任课教师召集起来开了个短会,通报了这个孩子的情况。大家相互交流了对这个孩子教育的做法,我也介绍了我最近一段时间对他疏导的经验。大家达成了共识:这个"特殊"的孩子需要用特殊的方法来对待,我们需要期待他慢慢把负能量宣泄掉,先让他恢复常态;平时作业、课堂上对他宽松一些,不要激化和他的矛盾。教师们相互鼓励,班主任给大家分享了一个细节,让大家也感觉到这个孩子已经有转变了:做操的时候,他不停地练习班主任教给他的第一个动作,直到做准确了。有一天,这个孩子对班主任说:"我今天就骂了一次人。真没想骂,一不留神就骂了。"这些都说明,他在进步。大家充满了信心。

后来,我经常找他聊聊,表扬多,批评少。表扬的都是我认真观察了解到的实事,批评时尽量语气委婉、就事论事。我给他肯定的同时也鼓励他，希望每天看到他进步。他充满自信地点点头。

其实我的心里很清楚，不良习惯的反复是必然的，也许很快他捣乱的事就会再次发生。但是不管怎么样，我都要让他带着满满的暴躁而来，带着愉快的放松离开，我要让他感觉到来我这里是倾诉和宣泄的，我是他最值得信赖的朋友，我这里是他温馨的心灵港湾。

为了这个孩子能够进步，所有这些付出都是值得的！何况，他已经有了很大转变了呢！

8. 让它飞吧，它也是一条生命

课间操回到教学楼前，正好看到保洁员大姐拿着拖把在驱赶什么。我低头一看，地上有一个小虫子，我们俗称"臭大姐"。这种小虫子身上有一种特殊的臭味，许多人不喜欢。大姐在不停地驱赶它，我头脑里闪现出一个镜头：碰到这种情况，许多人往往会毫不犹豫地踩死它。大姐却一边驱赶它一边念叨着："走吧，飞吧，别停在这里了。"好像这只小虫子会听懂她的话。看到我来了，大姐温和的脸上挂满慈祥，不好意思地笑着对我说："让它飞吧，它也是一条生命啊。"小虫子倒像是听明白了，振翅飞远了。

"让它飞吧，它也是一条生命啊。"多么朴素的一句话！透过这句话，我看到了这位普通的农家妇女那种对生命的尊重。我不由得陷入了深思。

我们经常说要善待生命，可是往往漠视生命。一只蚂蚁、一条小虫子，只是因为它侵入了你的"领地"，就会随时摁死它、踩死它；一棵小树、一棵小花，只是因为你的随手一折，它就失去了生命、摧残了身躯。我们经常在草坪或公共场所看到"小草有生命，请你勿踩踏"的提示语，但经常看到大人带着孩子在草坪上走来走去。生活中漠视生命的现象很多很多，我们没有当回事是因为我们漠视了它们的生命。据统计，地球上每小时就有一个物种消失。当大多数物种都消失的时候，我们人类岂不也岌岌可危了？

我们经常说要善待学生，可是往往漠视学生。一次作业没完成、一个问题没有回答好，教师的严厉批评往往就来了。更有甚者，一些过激的行为随手而至，一些过头的话脱口而出。这个时候的教师面目是"可怕的"，而这个时候的学生是浑身发抖的。当我们冷静下来的时候，我们会后悔，我们把学生当成一个个生动活泼的生命了吗？

爱是教育的灵魂，没有爱便没有教育——普通的教师和大教育家一样，都明白这个朴素的道理。关键是，这种爱要真正内化于心，才能自然外显于行。而这种内化的爱，最基础、最根本的就是对生命的尊重。没有把学生们看成具有鲜明个性的生命来因材施教，往往就会不自觉地把他们当成工厂里的标准件来要求，美其名曰规范管理、规则意识。一条不会爬树的鱼不是好鱼，一头不会飞的大象不是好大象，这是多么可笑和悲哀。

尊重生命，就要放飞虫儿们的理想，当然首先是放了虫儿们的生命。当我们每个人的眼里充满了对生命的尊重，我们的仁爱之心才会油然而生，才会多一份对学生的理解和尊重，我们的教育才是真的教育。

教育是无痕的、润物无声的。让我们从尊重生命开始，静待花开。

9. 校园微镜头

校园就像一个小小的社会，每天都上演着平凡而又新鲜的微电影。这些微电影的主角就是学校教师、员工和孩子们。他们的故事感动着我，引发我的思考。我经常想，如果把这些微电影串一串，恐怕会拍出一部非常有吸引力的电视连续剧呢。请看这几个微镜头。

微镜头一：千帆印记

每个双周，我们都要召开工作例会。例会上要印发一份《双周工作简报》，《双周工作简报》里有一个栏目《千帆印记》。2015 至 2016 学年度第 1 学期第 4 期里有一个小故事让我很是感动。有个叫徐艺文的小老师，虽然是个音乐老师，但书法很好，所以兼任三个班的中午书法课，负责中年级的书法指导，还担任着一个班的副班主任。从千帆印记里得知，她双休日刚刚做了一个口腔小手术，但是她一天也没有耽误工作，依然早操之前赶到学校，利用不带班时的大课间去医院拆线，然后马上返回学校。她的办公室在五楼，做副班主任的班级在一楼，每当她值班的时候，她都要在每节课下课前从五楼赶到一楼，从来没有抱怨过。我每次见到她的时候，总会发现她走路一阵风的样子，脸上从来都是那么阳光自信！

微镜头二：请假

2015 年 10 月 28 日晚上，我去餐厅。路上，我碰到一个叫孙晓蓓的小老师，她看到我后欲言又止。我就问她："有什么事吗？""校长，我可以请个假吗？"嘴上说着话，她的眼泪就溢出来了，"我姥姥去世了，我想请个假。"我一愣，完全是条件反射般地问她："什么时间的事情？""今天早晨八点左右。""怎么现在才请假？""我今天值班，早晨五点我去医院看过她了，那时候她还能认出我。然后我赶回来上班。妈妈刚告诉我她去世的消息。我今天晚上值班。如果可以，我明天请假去送送姥姥。"我一听，马上就说："你跟副班主任说一下，安排好工作，赶紧去看看吧！""校长，妈妈跟我说了，今天值完班，明天再回去，姥姥已经走了，明天去送送她就行。"

我百感交集，我祝愿走了的老人安息。看着眼前这个刚入职不久的小老师，我有什么理由不批准这个特殊的请假呢！

微镜头三：电梯地毯哪去了

2010年8月26日中午，我踏入电梯的时候发现地毯不见了，我以为是保洁员拿出去清洗了。傍晚我恰好碰到保洁员大姐在工作，她马上跟我说："校长，咱们学校的老师真好啊！你看，她们在换办公室，怕把电梯地毯弄脏，就把地毯先撤出来了，搬完东西后，她们仔细把电梯清扫完了，又把地毯放了回去。老师的素质就是高！"原来，为了体育组去操场上课方便，二楼音美组办公室和五楼体育组办公室对调了，体育组换到了二楼。教师们搬东西时怕弄脏地毯，先把地毯撤出去，我很感动。这说明教师们能尊重每一位员工的工作，能有保护电梯的意识，这种自觉多可爱啊！这说明我们的尊重文化、爱校文化已经深入人心了！如果所有的教师和学生都能这样自觉地尊重他人的劳动，自觉爱护学校的点点滴滴，该是件多么美好的事情啊！

镜头四：土豆饼

只要有空，我每天都去餐厅陪学生们用餐。2016年9月6日，中午吃饭时遇到了一件事，一个刚入校的一年级小男孩因为分发饭的大姐分给了其他小朋友和自己同样多的土豆饼而不高兴，嚷嚷着要求学校退餐费，自己要出去到饭店吃饭。我又好气又好笑地听他继续说："在家里，都是我吃得最多，我想吃多少就吃多少。"看来在家里他是个小皇帝啊！我还没有出声，餐厅大姐摸了摸他的小脑瓜，笑着说："咱这里的土豆饼很多，你吃完了还想吃就再给你些,直到你吃饱,好吗?"小男孩不好意思地吐了吐舌头,也笑了。我很感谢这位大姐,因为她知道这个孩子并不是在意他分的那份饭多与少,而是在意自己没有得到比其他同学更多的关爱,没有得到足够的心理满足。你看,大姐摸摸他的头、跟他说句话,这个矛盾就解决了。不得不说,这个大姐是个有教育智慧的人。后来,班主任对我说,她又跟小男孩和家长交流了尊重餐厅大姐、尊重其他的小朋友、吃饭节约并且按需加餐这些事,这个孩子再也没调皮过。

镜头五:标志牌

2015 年 11 月 23 日,早晨比较冷,我早早巡视了一下各班教室,发现三年级(4)班展板前一个孩子踮起脚吃力地按着一块"雏鹰在行动"的标志牌。我一看就明白了,肯定是这块标志牌因为胶粘得不够好脱落下来了,这个孩子在整理呢。我不由得一阵感动,走上前去问他:"你是哪个班的?在做什么呀?""我是三年级(3)班的,这块小板掉了,不好看,我想粘上它。"原来他是(3)班的孩子,而展板并不是自己班的。这个孩子能这样做,我真是高兴。我表扬了他,知道他叫宋厚锐。我准备奖给他一张喜报,下周一升旗仪式的时间亲自奖励给他。关心自己班级、关心别的班级、热爱学校,这是多么好的典型啊!其实,在孩子们身上还有很多这样的事情,比如随手捡起纸花、奶袋,帮助小同学。应该多弘扬这种精神,要让这种关心学校、有责任心的精神带动一大批孩子向好的方向发展。

镜头六:下雪啦

2015 年 11 月 15 日,晚上不知何时又下雪了,地上铺了厚厚的银地毯,车子也被雪覆盖了,从车里完全看不到外面。我刮去车窗上的积雪,发动车,小心翼翼地、慢慢地行驶在路上。不一会儿,雪又漫天飞舞起来。当我赶到学校时,学校里已是一片白茫茫,仔细看,发现传达师傅已经把学校大门和主要甬路上的雪扫了一遍,他们是什么时候扫的呢?一定是很早就起来了。我走进传达室,表示感谢。传达室李贵海和柳正浩两个师傅都在,非常高兴。一句话暖人心啊!我刚回到办公室,李师傅又打来了电话,让我嘱咐一下教师们尽量不要让孩子们走南大厅,因为那里是大理石地面,容易滑倒。我又表达了一下感谢。我走出办公室,看到孩子们兴奋地在扫雪、玩雪,忽然觉得这个校园是那么地充满生机和活力。当我巡视了一遍校园再次返回教学楼的时候，发现门口不知什么时候放上了防滑垫，心里又一阵温暖。转过弯，我发现是李师傅和柳师傅正拖着一卷防滑垫往另一个门口走去。多么好的风景啊！

第 5 节　青岛长江学校小学部工作手记选（二）

我们常说，学校要注重文化、内涵发展。我觉得，学校的文化不是停留在口头、纸面或者是墙壁上的，学校的文化是长久的常规管理和教育自觉中所有人员形成的稳定的习惯和共同的价值追求。它没有踪影，内化于心，外显于行。管理中的小窍门，活动中的小冲突，成长中的小纠结，都是文化。

1. 让专业的人干专业的事

学校管理中总是会遇到这样那样的事，需要有专人负责专门的事。我的想法是，分工明确、各负其责。但是仅仅这样还不够，因为这个前提是知人善用，用人不疑。

我常常想，校长、中层干部和班主任、任课教师一样，都是学校工作这个大系统中的一个小系统。只有每个职位的人都做好自己的事情，学校的工作才会有条不紊、忙而不乱、高效有序地进行。

记得有位专家举过一个例子，他去参观一所学校的时候看到这个学校的校长亲自在那里换校园路灯的灯泡，非常感动，认为这个校长真是非常敬业。后来这位专家也当了校长，就不这么认为了。他意识到换灯泡这样的工作应该由总务处的相关人员去做，校长应该干好校长的事。

我非常赞同。作为学校管理者，校长要做好的就是学校发展的规划、制度的制定和落实、团队文化的建设、教职员工的凝聚、全体学生的和谐发展，微观层面的落实应该由中层领导和具体的负责人员去做。但是，一些抽查、督促还是有必要的，有一些应该校长亲自出面的事情也是谁都代替不了的。做校长的千万不要在众人的马首是瞻、好话连篇中迷失了方向，认为自己比谁都强，认为自己什么都懂。比如换个灯泡、维修个水阀，校长肯定不如水电工更有经验、更熟练；编写运动会的秩序册、指导一台节目，校长就不见得比体育教师、音乐教师更专业。

由此我反思自己的诸多行为，是否存在着指手画脚，存在着在专业人士面前做"指导"的事情呢？比如，在学科教研活动中，教师们和学科主任的讨论聚焦在课堂教学、学生表现、学科研究和教学质量上，他们是一线真正的明白人，做领导的就不见得比他们更专业。但是，在对宏观的育人理念和学校文化的理解与贯彻上，在改变学生学习方式、提高课堂教学效率的规律上，也许校长会看得更远一些、把握得更准一些，在这些方面可以给教师们一些建议，给业务领导一些指导。再比如，在班级管理中，班主任的具体管理会更有实效，因为班主任最了解班级文化和每个孩子的身体心理特征、家长特点，在具体的管理中他们的措施往往最具实效；校长的指导更应该是学校顶层设计，和分管的领导一起就学校核心理念和文化下班级管理的大方向给予指导，比如学队管理、点赞评价、学程导学、商学课程。

当然，专业的人，特别是青年人，需要培训和学习。那些刚入职、刚走上某个工作岗位的人，需要领导的栽培和专业人士的指导。当他们掌握了基本的要领之后，就要适当地放手让他们去做。学校领导在培养中层和具体工作负责人时要学会慢慢地放权、授权，由教着做到扶着做，然后放手做。在他们请示你该如何做的时候多问"你觉得呢？你有什么好的方案？"有的时候，做领导的要学会装糊涂、学会低调，鼓励他们大胆去闯、去做，让具体项目的负责人真正成为专业人员。

所以，让专业的人干专业的事非常重要。放手让专业的人去做事，不仅仅是一种信任，更是一种尊重。

2. 教师基本功比赛来了

2017 年 10 月 21 日，接到即墨区教体局教研室的通知，教师基本功比赛复赛马上就要开始了。报名参加基本功比赛的教师忙起来了，各个年龄段的教师都鼓足了干劲。

赵素云老师报的是老年组语文，课题从五、六年级上册期中考试后的课文中抽取，现场抽签、现场备课、现场模拟上课。赵老师刚接六年级，虽然上册的课文还有一大半没有深入研究，但她充满了信心，抓紧往下备课。我知道赵老师是个非常要强的人，鼓励她勇往直前，预祝她取得好成绩。

青年组的冯波和王梅梅显然也很重视这次比赛，积极准备着。这样的态度是我比较欣赏的。我鼓励他们一定借此机会深入研究教材和教法，关注学生学习方式转变，把教学比赛当作一次磨炼自己、提升自己的机会，不必过多关注结果，比赛过程的提升更重要。

回想一下自己的成长过程,何尝不是在这种大赛磨炼和日常实践中走过的呢?记得 1994 年秋天第一次参加即墨市的小学科学课教学比赛,我没有经验,就去教导处借来了一大摞全省优质课比赛的录像带。我把这些课一遍又一遍反复地研究、琢磨,一遍又一遍地模拟讲课,以至于这些课上教师们的每一句话我都烂熟于心。随着在课堂实践中一次次地磨课,我逐渐对上课的规律、孩子的心理特点、课堂调控的技巧、引导探究的方法、生成性问题的处理等有了更深的了解。当然,我也慢慢悟出这些获奖课例中教师设计的用意所在。再后来,我阅读了刘默耕、章鼎儿、路培琦等大家的著作,关注了兰本达教授的探究—研讨教学法,逐渐走进了儿童科学启蒙教育的大门。我在不同层级的赛课中取得了很好的成绩,也参与了青岛市、山东省地方教材和各级教辅资料的编写工作。

"世事洞明皆学问",我经常揣摩这句话,真是非常有道理。有些时候,我们认识一些事物的经历是相似的。经过对科学课的揣摩,我渐渐对数学教学、对其他学科教学也产生了浓厚的兴趣,悟出了一些道道。我开始喜欢看一些教育教学方面的文章、著作,在不知不觉中提升自己。后来我在走上学校领导岗位的时候,接触了更多的名师、大家,也经常跟他们进行交流。我发现,只要用心做、用心思考,总有一天,你会形成自己对教育教学的独特理解。

我希望比赛不是简单地给教师的课分个等次,我希望通过比赛让教师们的教学基本功有所提升。比如,语文课还应该引导教师们去提升自己的板书水平、范读水平、下水文的水平;数学课要让教师们知道初中、高中数学的一些内容,让教师们居高临下看小学数学教学;英语课上口语的展示肯定是必不可少的内容;科学课更要看看教师演示实验的严谨和规范。如此,这个过程才是真正能促进教师专业成长的过程,才是真正有收获、有意义的过程。

3. 有副班主任,真好

我刚到小学部的时候,对寄宿制学校的班主任工作、学生就餐和住宿的工作还不熟悉。一段时间后,我发现,一个班级只有一个班主任,班主任们每天除了白天上班,还要带早晚自习,非常累,很辛苦。那么,可否在班级管理中设立双班主任,也就是增设一位副班主任呢?我觉得可行。

　　副班主任，顾名思义，是班主任的副手、助手，协助班主任做好班级管理和教育工作。在大多数公办学校里，副班主任是个比较少见的角色，只是新一年级孩子入校后的第一个月，有的学校为让孩子们尽快养成好习惯配备了副班主任；也有新教师入职后，先担任副班主任协助老班主任工作，学习如何做班主任。我调查了一下，寄宿制民办小学很多设立了副班主任，但是副班主任的设立也带来了一些矛盾，比如两位班主任角色定位不够准确，职责不够清晰。

　　那么，副班主任到底应不应该设立呢？设立的利弊到底如何呢？我从不同的层面做了调研。有的教师建议不设副班主任，认为自己的班级自己带，熟悉学生情况，累点苦点没关系；有的教师则认为确实需要设立，因为我们是寄宿制学校，要求安全无缝隙管理，责任重、工作量很大，从工作需要出发，设立两位班主任能相互帮助。总之，对副班主任的设立，持反对意见的教师主要担心正副班主任的定位、责任不够明确；持赞同意见的教师希望大家都来参与管理，更好服务学生。

　　经过几天的思考，我的想法越来越清晰。我想起魏书生老师的一句话："在学生中找自己的助手！"那么，我们能不能在教师中寻找管理的助手呢？答案是肯定的！当我们把每个副班主任看成有明确责任的班主任的时候，我们的班主任队伍就变成了原先的两倍！这个资源太丰富了！

　　要让所有人认识到设立副班主任的必要性，首先要解决思想认识问题。我开了专题会讲我的思考，引导教师们认识到，作为一个教师，如果不担任班主任工作是遗憾的，就如不想当元帅的士兵不是好士兵一样，不想当班主任的教师也不是好教师。因此，大家要以当班主任为荣，以当优秀班主任为荣！要把当副班主任作为一项事业来做，副班主任带班时就是班主任，而不仅仅是给班主任当助手。如果仅定位为助手，副班主任永远没有角色意识，没有职责意识！

　　我明确了一下职责划分，引导教师们认识到，正副班主任在班级的管理上职责是一致的，是完全一样的。我们要淡化正副之分，要强化值班之责。也就是，值班的时候，正副班主任互为补充。正班主任值班时，副班主任做搭档与助手；同样，当副班主任值班时，他就是正班主任，而真正的正班主任就给他当助手,互为正副班主任。所以,我们就是要引导所有的班主任认识到,没有正副班主任之分,只有值班班主任与不值班班主任之分。班主任值班时,只有当他遇到了特别棘手的问题,感觉自己的能力和水平处理不了的时候,才可以求助不值班的班主任协助解决。实在都解决不了了,再提交级部主任、中层或校级领导解决。

当我把这些想法讲完时,会场响起了热烈的掌声。我又借机抛给教师们两个问题:"大家想一想,为什么一开始有的人不同意设立副班主任?有的正班主任再苦再累都不愿意设副班主任,大家从中可以得到一点什么启示?"我看到有的教师有了尴尬和不好意思的表情。

接下来,我看到许多班级的早操、三餐、自习课都有两个班主任主动靠班、相互支持,特别是有时候两人中有一个要外出听课、参加各种活动,另一个不需要学校再去协调安排带班了,自觉就接过了带班的工作。

不久后,我经常听到教师们说:"有副班主任,真好!"我心里感觉美极了。

4. 无烟运动

2018 年春天,学校正在迎接青岛市 3A 级健康校园的检查验收。健康校园有一条很重要的指标就是学校应该是无烟学校。

本来我校就是一个非常标准的无烟学校:全体教职工没有一人吸烟。但是,学校里还真能经常见到烟头。我仔细观察了一下,这些烟头大都是外来人员包括来访的家长留下的。

我在学校大门口、校园以及大厅显眼的位置又重新设置了"您已进入无烟学校"的标志牌,提醒入校的人员注意;让各班级举行了"吸烟有害健康"的主题班会,并让孩子们回家跟家长讲讲吸烟的坏处,提醒家长到校不要吸烟;给物业和餐厅的负责人讲明,严禁工作人员吸烟,让保安提醒入校的人员不要吸烟等。尽管这样,校园内还是能见到烟头。

德育处想了个办法,开展了个烟头换积分的办法:首先教给还孩子们怎么用工具捡烟头,捡完后强调洗手;然后宣布规则,每捡拾一个烟头给班级加 0.2 分的量化管理积分,每天班级把捡到的烟头集中一下交到垃圾桶,级部点清数量,到德育处加分。一石激起千层浪,学生参与捡拾烟头的活动开展起来了。真是人多力量大,短短的几天过后,满校园居然很难找到烟头了！

都说重赏之下必有勇夫，一个小小的烟头换积分的办法就解决了长时间不容易解决的问题。看来，有的时候，改变一下策略会收到意想不到的效果。

5. 换一种思路跑操

为了增加学生的运动量，我把早晨的广播体操改为了跑操，我还跟体育教师一起规定了跑操的运动量；为了让孩子们有地方跑，我借用了中学的操场错时跑操；为了节约出早饭后第一节课前的 5 分钟，我取消了先集合后跑操的惯例，改为哪个班级先到哪个班级就先跑。我改来改去，但是感觉还是不如意。

2017 年 9 月，体育教研组长换成了乔海涛老师。真是年轻人办法多啊，他的思路让我眼前一亮。他调整了各班跑操的队形，一、二、三年级换成 4 路纵队，在小操场跑步；五、六年级换成 6 路纵队，在中学部操场跑步；四年级进行体质监测的专项训练，在升旗台前先跑步后训练。这样三部分人员分散到不同的场地，一下子就解决了场地的问题。他给所有参与跑操的班级划定了集合的区域，集合点都在跑道上，一声令下，全校一起启动跑操，节约了集合、逐班启动的时间；全校同时启动，同时结束，避免了有些班级拖拖拉拉、跑不够数量的问题，提高了整体跑操的效率。

解决问题有很多办法，让专业的人干专业的事能实现效益的最大化，这一点再一次在跑操这个问题上得到了印证。

其实，学校许多其他的工作也有这种情况。大家都从自己的角度去思考问题、去研究改进工作的方式方法的时候，就是在做教育的微课题了。问题即课题，求实即创新，用心才能做得好。

换一种思路，天地更宽广。

6. 从欣赏吕思清演出想到的

2017 年 10 月 30 日，我有幸欣赏了一场高水平的管弦乐演出。世界著名的小提琴演奏家吕思清先生、青岛交响乐团的音乐家们和著名指挥家林大叶先生一起为即墨区观众奉献了一场精彩的演出，给大家留下了深刻的印象。

气势磅礴的《卡门》序曲，深情婉转的《梁祝》……一首首经典的曲子如从天际飘来，那种美妙、无与伦比的感受只可意会不可言传。这种高雅艺术的盛宴任谁都会如痴如醉、恍入仙境。想到孔子闻韶音三月不知肉味，可能是真的吧。

让我感动的，还有艺术家们的谦逊和彬彬有礼。吕思清先生名气很大，在当代世界小提琴演奏家中恐怕无人不晓，林大叶先生也是享誉全国的著名指挥家。但是，他们的一举一动，那么专业、敬业，充满了对观众的尊重、对其他艺术家的尊重。吕思清先生还即兴发表了简短的讲话，祝福即墨发展得更好，祝贺即墨划区，引发了大家的共鸣。

让我感动的，还有观众们的投入与尊重。当演出达到高潮，观众轻轻地合着音乐的节拍与艺术家们击掌互动时，大家的脸上都涌现出那种相知、相敬的会心微笑。节目结束的最后一个音符刚刚落地，大家纷纷起立长时间鼓掌，表达对艺术家们精湛演出的感谢。

吕思清是我们即墨人，是即墨的骄傲。他是怎么成长为一名优秀的小提琴演奏家的呢？跟我们即墨的教育有没有关系呢？我仔细看了看他的简历，不由得有些"失望"。从简历中能够看得出，他主要的学习经历是在北京、英国。他从小就表现出了音乐的天赋，4 岁开始学习小提琴，8 岁被中央音乐学院附小破格录取，11 岁就被世界著名小提琴家耶胡迪·梅纽因选到英国他创办的天才音乐学校学习，从此走上了音乐之路，成为第一位夺得国际小提琴艺术最高奖之一——意大利帕格尼尼国际小提琴大赛金奖的东方人。这些，应该感谢他的父母，感谢后来培养他的老师们。如果没有他父母对他潜质的及早发现和果断送到北京求学，没有老师们的精心辅导，没有他本人的刻苦努力，是成就不了他今日的辉煌的。

我不由得遗憾地想，如果吕思清先生从小就一直在即墨学习，没有走进北京，没有音乐大师的指导，他也许就很难走到小提琴演奏的顶级舞台。我们怎么做才能够把这些天才，把每一个人最擅长的潜质都充分挖掘出来，给他们最合适的教育呢？

教育资源的不平衡是客观存在的事情，我们的教育资源肯定不如北京名校的好，但是，如果我们每一个人都尽力做到最好，我们的孩子就会在现有的基础上获得更好的发展。由此我想，我们学校应该想方设法借助最优质的资源去培养孩子，大家一起来关心教育、支持教育、发展教育，我们的教育整体水平肯定会上一个大的台阶。

我经常看到国外的小孩子独自游学各国，独自或跟小伙伴一起进行一些社会实践活动，而大人们都会积极配合、鼓励他们去做。我们的学校却要经常面对家长的质疑，教师们连组织春游秋游都不敢去想，连体育课都不敢放手进行器械运动，又怎么会培养出优秀的、有创新精神的人才呢？家长们在片面追求孩子分数的情况下，又怎么会去关注孩子艺术和体育素养的提升呢？

所以，我们要通过各种家长培训、家校互动，给家长们举例子、讲道理，逐步转变家长的观念，让家长理解并全力配合学校培养有创新性、能主动发展的孩子。

让我们共同努力吧，培养更多像吕思清一样在各行各业有一定成就的人才。尽管路很长、很艰辛，但是只要坚持做，我们就无愧于这个时代赋予我们的使命。

7. 你好，青岛市即墨区

2017年10月30日，是青岛即墨撤市设区挂牌的日子。

即墨原先是青岛市下设的一个县，1989年即墨撤县设市。28年后，即墨再次发生巨变，将正式成为大青岛的一个区！

这一天，天高云淡、风和日丽，真是个好日子。微信上很快就传遍了各种政府部门挂牌的内容，可以看出许多人到现场去观看了。我是那种不喜欢凑热闹的人，这样的事一向是知道就可，不会去现场凑热闹的。

我关心的是即墨撤市设区后对教育的影响。

设区后，对教育的良性促进作用肯定是有的。教育是最大的民生之一，政府肯定会有所行动。比如，消除大班额的进度一定会大大加快，教学硬件设施的配套也会再上一个台阶。上午我跟教体局一位工作人员通电话，他说正在给全区所有的学校配备同步教室，真是个好消息。这就意味着我们可以和教育发达区市的名校、名师同步共享优质课堂了。

设区后，老百姓享受高质量教育的期望值肯定更高了。随着人流、物流的增多，经济、文化的发展，老百姓的理念，特别是教育理念，肯定也会有很大的提升。这也会促进学校主动创新，想方设法切实提高教育教学质量。在这种大环境下，整个社会对教师的要求也就高了，需要教师们不断自我提升,适应新时代教育发展的需要。

设区后,学校会有更多的社区教育资源可以共享了。随着交通等民生设施与青岛主城区一体化的加快推进,随着蓝谷成为国家层面的海洋研究高端智库区域,多所全国知名大学和科研院所落户即墨,我们就可以更多借助这些优质的教育资源,带领孩子们开设更多游学研修课程,带领孩子们走进高校、各种展馆,开阔孩子们视野,了解更多信息。

设区后,我们的学校会更受年轻教师们的青睐,将来到校应聘当教师的优秀大学生会越来越多,优质而稳定的师资一定会助推学校的发展。孩子们受益,家长满意。

设区后……

你好,青岛市即墨区!

8.万圣节

2017 年 11 月初,一个家长打电话给我,反映班级里过万圣节,孩子吓着了,发烧呢。我之前只听说过一个西方的节日叫万圣节,但是我真不知道这是个什么节。我很不高兴,就到处转着看了看,的确发现有个别的班级有过万圣节的迹象。特别是二年级(1)班,在教室的后面墙壁上挂上了一个巨大的黑色的蜘蛛网,很恐怖的样子。这个班是双语班,当时设立这个班级时跟家长说好了让孩子们多接触一些英美文化。显然这个班级过这个节搞得比较火,据说外教都参加了。

其实,小商贩们早就盯上诸如万圣节这样的节日了,他们早就开始造势,好卖出相关的商品赚取丰厚的利润。在他们的推波助澜下,洋节的市场越来越大,小孩子们参与的面也越来越大,社会的浮躁和崇洋媚外的低俗也迎合了某些人的口味。这真不是个好事。我比较反感洋节的盛行,并不是说洋节不好,实在是我希望我们中国传统的节日盛行起来,那样更好。

我们的传统节日像春节、元宵节、清明节、端午节、中秋节,多么具有文化底蕴。这些节日里同样有许多的活动,如贴春联、赏花灯、踏青,但是不可否认,这些节日能吸引孩子的因素还是少了点。我们没有认真去深挖、开发一些足够吸引孩子们、年轻人参与的因素。我们的节日似乎更多地只是给大家留下吃什么的印象,春节的饺子、元宵节的汤圆、清明节的鸡蛋、端午节的粽子、中秋节的月饼，这些是首先要念叨的，其次才是玩什么。反观一些洋节，留给大家的印象首要的恰恰是玩什么。这也许就是农耕文化和渔猎文化背景下的不同吧。当我们已经解决了温饱问题的时候，精神的追求、求新逐异便成了新的内容。特别是小孩子和年轻人，如果一味地追求刺激，美丑不分、善恶不辨、心态扭曲，更有甚者发展成畸形的价值观，想想都是可怕的。

其实，古今中外的节日都有一定的背景和文化。我们要做的是"择其善者而从之"，而发扬光大。作为学校和教师，我们有责任引导学生喜欢什么样的节庆文化，这真不是一件小事情。我们引导学生追求真善美，反对假恶丑，就要从一点一滴的小事做起、从过节做起，帮助分辨能力弱的学生确立正确的美丑标准，建立正确的人生观、价值观，这也是我们立德树人的最重要的任务。

还是少过些万圣节吧，让春节这样中国传统的佳节得到更多的关注吧。每个民族过好自己优秀的传统节日，善莫大焉。何况，我们中华民族的传统节日又是那么地充满了美好与和乐的氛围！

9. 三棵树

我的办公室有三棵树。一棵是龙雪兰，我叫她大兰，另一棵也是龙雪兰，我叫她小兰，还有一棵是发财树。三棵树像极了一个班级的生态，大兰非常茂盛、长势喜人、郁郁葱葱，是优秀生；小兰枝叶不展、瘦瘦弱弱、营养不良，是学困生；发财树像插班的新生，枝肥叶绿，对一切都是那么好奇。

因为刚调换了办公室，三棵树的摆放位置需要调整一下了。我把弱弱的小兰放在了窗前最透风、最能见阳光的位置，让她能尽情舒展。这好像是照顾学困生，把最好的座位让给她，我期待着她能快快长壮实、吐出新芽、伸展新枝。对新到来的发财树，我却没有被他表面的生机所迷惑，因为那是商家为了推销而做的包装，华丽还未褪去。我经常检查他的盆土是否干了，叶子有没有发黄脱落。大兰，我则非常放心地放在靠门口的地方，一是用她的生机勃勃迎客，二是让她在门口呼吸新鲜空气。三棵树相安无事、悠然生长。

每天早晨，我用喷壶给他们喷一点雾气，让每一棵树享受秋露的甜蜜,偶尔给他们施一点肥。才一个多月,小兰就抬起了头,叶子颜色开始变得深了,开始有了小树们该有的健康的绿色,枝叶开始伸展。大兰和发财树每天享受着喷雾,在雾中摇曳。三棵树高高兴兴地成长。

三棵树就像我的学生,我在带领着他们健康成长。我多么希望所有的学困生都得到教师精心的呵护,多么希望优秀生和新生能够快乐成长啊!

保洁员大姐看我如此精心地对待这几棵树,感慨地说:"无论是啥东西,你只要好好伺候它,它也会给你好的回报。"我笑了笑,多么朴素的真理!其实什么工作你只要用心去做,没有做不好的。就如教学生,你只要用心,每个学生自然会感受到你的爱。我不期望这几棵树能给我什么回报,就如我不期望学生们给我什么回报,我只希望生命和谐,只希望我能将这份爱传递给每一个人。

爱,不是简简单单的口头表达,而是要有实实在在的行动。

后 记

经过诸多的努力，《做个老师，挺好的》终于成稿了。这本小书汇集了我从踏上教育岗位以来的所思、所做，记录了我在校园行走的历程。这里面有艰辛努力的实践，有止步不前的迷茫，有成功的喜悦。我希望我这个普通教师的成长经历能给青年教师一点点启发和鼓励。若能如此，心甚慰。

我早就想把自己从教路上的点点滴滴整理一下，但总感觉自己写的东西太肤浅，不敢耽误读者的时间。后来，在我的夫人——青岛市首批名班主任工作室主持人张红老师的鼓励下，我开始悟到：不必非要把这些文章汇集成册给别人读，就当作是给自己在教育岗位上的工作做个阶段性总结，提升一下自己也好。于是，我开始斗胆静心整理文稿，历经数月，从自己诸多的文稿中找寻最能代表一个时段、一个观点的思考，或者一个案例、一个会议的感悟，分成上下两篇四章呈现给大家。

在本书素材创作、整理和成稿的过程中，尝试教育创立者、全国著名特级教师邱学华先生，中式学习创立者、山东省特级教师隋慧成先生，智慧教学创立者、东北师范大学刘晓中教授，青岛教科院刘仍轩、马伟林、陆德旭等老师，青岛市即墨区教体局副局长兼即墨28中校长李志刚、即墨区德馨小学校长乔彩花、原即墨区教体局副局长李志界、原即墨龙山教育办主任卢民世等领导和专家都给予了我热情的鼓励、指导和支持；张红老师亲自帮我审稿、修改；我的同事张红艳、梁婧扬等老师给我提出了宝贵的建议；中国海洋大学出版社给予了精心的指导。在此，我一并表示衷心的感谢！

作为一名普通教师，我结集出版一本自己的专著是件诚惶诚恐的事。虽然书稿逐字逐句都是自己码就，但仍唯恐书里的某个观点、某句话与早已面世的大作或其他专家、名师的言论雷同。若拙作不幸叨扰到您，先致歉意！请务必拨冗告知，以便再版注明或修改，提前感谢！

房富本

2020 年 5 月 9 日

于山东青岛